江頭未是風波惡，
別有人間行路難。

——稼軒〝鷓鴣天〞詞中句

憶浮生往事
一名中科院退休員工對過去的回顧

孫又予 (著)

自　序

　　我自幼生長在動盪不安的環境中，十幾歲時因國共內戰，輾轉來到台灣。我的家人，包括我太太在內，都在承平的環境中長大，沒有經歷過戰亂頻仍、時難年荒的歲月，聽我說起往事，都認為"不可思議"。兩位媳婦進門後，也對我隻身來台的經過感到好奇。我答應他們找時間把我的故事寫下來給大家看，這就是我寫這本小書的緣起。

　　本書第一篇所記是我少年時故鄉的情景。這些事物在目前也許多已改變，但卻仍然鮮明地印在我的心版上。我很喜歡把它們記下來，留一幅七、八十年前中國北方農村的風景圖。在這一篇末我記述我怎樣經由一個偶然的機會離開故鄉，我相信那是當年很多人都有的相似經驗，我更相信我的很多老朋友們讀後都會有很深的感慨。

　　第二篇記述我在流亡學校一段艱苦的歲月，和後來被環境所迫去從軍的經過。這是我一生中生活最困苦的時日。這種經驗也是那個時代和我有相同際遇的少年人所共同擁有的。在那險惡的環境裡，能夠存活下來，就算是十分幸運了。

　　第三篇寫我到台灣之後，有了相對安定的生活，我如何在很短的時間之內，靠自修讀完中學課程，讓我奠定未來接受教育的基礎。這個階段是我生命中的轉折期，就在這兩、三年的時間裡，決定了我未來的命運。

第四篇記述我在空軍受訓和服務的經過。還有，之後我怎樣在絕無可能的情況下考進大學讀書。大學畢業後，又考上研究所，歷經一波三折，最後終於完成學業。

第五篇寫的是我留學美國的故事。我遇到一位很不理想的論文指導教授，害我差一點沒拿到博士學位，但我最後還是準時拿到了。

最後一篇寫我自美返國後，在中山科學研究院服務二十五年的所見所感。在這一篇裡，你可以看到早年在沒有制度、沒有監督的狀況下，中科院的研發工作是怎樣進行的。作者當時是一名基層員工，親身經歷。我相信我記述的這一部分史實，以往從來不曾有人提到過。

我少年時獨自來到台灣，在台灣舉目無親，但我在不同環境中遇到的好心幫助我的人實在不少。剛到台灣不久，住在南投，喬極先生推薦我做公文收發的工作，使我有比較充裕的時間自修讀書。後來搬到台北泰山鄉，商金銘先生給我機會學英文。他們都使我十分感激。在空軍官校服務時，林清水先生在知其不可而為之的情況下為我申請報考大學，尤其是使我有機會進大學念書的關鍵人物。後來到美國留學，張慎四教授及時對我伸出援手，葛來高利教授願當我的代理指導教授，讓我順利獲得博士學位。我對他們熱誠的協助，終生都會念念不忘。

沒有這些好人的幫忙，我的人生便不會這般美好。

我記述我在人海中漂泊的經過，其間困苦多於歡樂，一大部分時間都在逆境中努力奮鬥。這種文字如果讓目前生活在安逸舒適中的青少年閱讀，說不定會對他們引發一點鼓舞的作用。事實上，每個人都有可觀的潛能，只要願意發憤圖強，皆有機會走出自己的一條路。

本書初稿於2012年秋天草成。曾印成紙本供家人傳觀。後來又經過修改、校正。此書大部分的內容，可以算是對那一時代留下的 "紀錄"。因為我寫的人、事、物,都是我自己經過、見過,少有臆測或猜想,一切從實道來。

最後,關於本書的體例,我要在此說明一下。這種寫法,應該算是一種分段式的箚記,有點像"隨感錄"。寫起來十分自由,幾乎沒有甚麼限制。多一段不嫌長,少一段不嫌短。即使在每一個標題下面,也是有話即長(可達千字以上),無話即短(也許只有一、二百字)。我認為這是一種很方便的記敘方式。由於每一標題下單獨記述一個不同的事件,閱者可以挑選有興趣的題目觀看,不必定逐字逐句讀畢全書。

孫又予在台北　2015年07月

憶浮生往事

目　次

自　序 3

第一篇　故鄉風物舊時情 15

　　我的家庭 15

　　高粱、小麥、大豆 16

　　牛耕田、驢推磨 17

　　地窖與地屋 19

　　記一位鄉紳 20

　　奇人董二叔 21

　　沒有宗教的地方 22

　　受儒家文化影響 23

　　我的啟蒙教育 24

　　進私塾讀書 26

　　遭逢一次兵燹 27

　　插班小學五年級 28

　　住多義溝上學 29

　　一個震撼消息 30

　　誤判害我五十年 31

第二篇　懵懂少年天南行 33

　　離開家鄉 33

　　南下瓜洲 34

　　到南京去玩 36

　　繼續南行 37

四聯中二分校..39

後悔離開家鄉..41

抬煤的日子..41

師生都長疥瘡..42

決定回家鄉..42

走投無路去做兵..43

打屁股打到流血..45

冒險逃亡..45

哥哥找回弟弟..47

逃離軍隊再回籠..48

第三篇　走過艱苦崎嶇路..51

海上生鄉思..51

抵達榆林港..52

士兵的水準..53

榆林港多魚..54

羨慕兩兄弟..54

部隊移駐三亞..55

可憐的傷兵..56

記蔣獻瑞連長..56

交警部隊投共..58

讀三民主義..58

讀革命詩文選..59

撤退到台灣..60

在彈雨中穿過..61

得金又失金..62

渡過驚濤駭浪..63

終於到達台灣..64

做公文收發工作..64

迷上幾何學..65

陸戰隊變裝甲兵...66

讀范氏大代數...66

自修物理和化學...67

我的罩門是英文...68

收聽英語教學...69

報考國防醫學院...70

聽大官講演...71

新莊地區今昔...71

移駐到湖口...73

報考空軍機校...74

又和同學們連絡上...75

第四篇　又遇難關幾多重...77

進空軍預校...77

沒有學到什麼...78

到機校受訓...79

宋載鎮教官...80

教官水準不一...81

欽佩茹素者...82

關於宗教信仰...83

機校畢業去看同學...84

往服務單位報到...84

飛機失事死傷重...85

西方公司...86

領到高中畢業證書...87

想去報考大學...88

條件不合不准報考...89

調回岡山服務...90

一種錯誤的觀念...91

又見飛機失事...91

忙裡偷閒讀洋書..93
大家都想考留美..94
錯過一次機會..94
老友來訪..95
讀胡適文存..96
喜讀新詩..99
差一分被開除..100
記劉祥云上尉..101
許多人不願退伍..103
獲准報考大學..103
倉促準備考試..104
考得很爛..106
僥倖上榜..106
離情依依..107
沒有我想像的嚴格..107
輕鬆讀完大學..108
幾位老師的素描..108
轉到電機系..110
寄回一封家書..111
出國熱潮..111
遵仁出國學習..112
記劉一三先生..113
不准念研究所..114
南北奔波..115
政府改變了政策..116

第五篇　留美方知世道險..117

積極培訓人才..117
都想進中科院..118
人才不易尋覓..119

塗去不良紀錄..119

可以出國了..120

進華盛頓大學..121

先到市區觀光..122

修讀博士的指導老師..123

選錯了指導教授..125

去伊利諾大學訪友..125

通過博士資格考..126

對指導教授很失望..127

自己尋找論文題目..127

看到簡體字..128

半途更換學校..130

到達麥迪生..131

遇到一位好老師..132

再考博士資格考..133

在威大的悠閒時光..134

遇到一件糗事..134

去聖母大學參觀..135

台灣退出聯合國..136

導師不讓我畢業..136

暗中發表我的論文..137

去紐約旅遊..137

中國城對華爾街..139

開了一次同學會..139

感覺沒有希望了..140

重回華大喜出望外..141

找到代理指導教授..142

導師不讓我畢業的原因..143

論文自己打字..144

考過博士考..145

感謝張慎四教授......146

到芝加哥去玩......146

啟程歸國......147

遊迪士尼樂園......148

第六篇　太平無事日月長......151

簡要的記述......151

組織和軍隊類似......152

統一的薪給制度......153

電子研究所......155

到元件組工作......156

在院外兼課......157

著作審查......159

做儀器組長......160

人員進用靠關係......162

一位無往不利的主任......163

一位扶搖直上的組長......164

盡心為長官服務......167

採購儀具無限制......168

黃代院長......170

從安全處到政戰部......171

差一點當了雷達組長......173

做官應以和為貴......175

誠實是最上策......176

任圖書館長......177

圖書館的自動化......179

參加品保去台中工作......180

關於IDF戰機......182

名實不符的祭拜......184

一種特殊的文化......185

記唐君鉑院長..187

飛彈專家離職..188

品保的政戰室..189

一位老好人主官..190

待遇不合理難以變更..194

艱苦的時段..195

記汪昌瑤博士..196

聽蔣緯國演講..197

砲兵陣地爆炸案..199

老李並非不是人才..200

補稅的風波..202

快快樂樂二十五年..204

一個願望沒有完成..205

友情難忘..207

憶浮生往事

第一篇　故鄉風物舊時情

在這一篇中，我概略地說一說我記憶中童年時期家鄉的人、事、物。

我的家庭

我於1932年出生在山東省嶧縣一個名叫陶官莊[†]的農村裏。上有父、母和祖父、祖母，下有兩個弟弟。我們家世代務農，耕種自有的一些田地，過的是當時一般農民的普通生活。即使在對日戰爭時期，農村經濟最凋敝的日子裡，也還可以溫飽。這是我記憶中的情景。

我的祖父、祖母在我懂事時，年紀已六十開外，是兩位慈祥的老人。那時因不知吸菸有害，我的祖父和我父親都愛吸菸，祖父吸菸斗，父親吸比較方便的紙菸。我記得祖父常坐在家中一張大木椅上，口銜菸斗吸菸，或者手持一本線裝書閱讀。因為年紀大了，他已不再從事生產工作。祖母上了年紀後，有些彎腰，大概是營養不良所致。不過她眼力好，終年都在做針黹，閒不下來。

我的父親和母親是我們家中的兩大支柱，那時他們都在盛年。田園中的事務，大概都由我父親一人掌理，母親在家中操持井臼。父、母恪遵舊日禮教，對我的祖父、祖母非常孝順。我小時候，就在這樣一個物質生活不富裕，但卻很溫暖的家庭中成長，無憂無慮，所以童年算是很快樂的。

　　和當時中原大地上的多數農民相同，我們家住的房屋是用泥巴摻麥草和樹枝做成土牆，再用木材做梁柱，上覆厚厚的麥草建成。用這種方法建造房屋，大概自古就有。七、八年前我和我太太去大陸旅遊，在新疆的高昌故城看見千餘年前（高昌國是五世紀到七世紀的西域小國）的土牆殘跡，其中也有麥草和樹枝。這說明神州大陸在千餘年中，房屋的建築方法和材料都沒有甚麼進步。

　　因為鄉下空地多，我家從大門到住房自南向北共有三進院落，還有一座花園。總面積如用坪數計算，約有四百多坪。每棟房屋無論是坐北朝南，坐東朝西或者反轉過來，方位都很端正，因此每個人從小對於東西南北的方位都辨識得很清楚。

高粱、小麥、大豆

　　陶官莊全村大約有五十戶人家，大多數都和我家一樣，以種田為生。因為北方缺水，我們種的都是旱田。那時農民種植的作物主要有高粱、小麥和大豆三種，間或種一些雜糧，如小米、綠豆、芝麻、花生和番薯之類。

　　高粱在春天播種，可長高到一百七、八十公分，在頂端結穗，和玉米不同。農村處處是高粱田，田田相連，形成綠色的帳幕，擋住人們的視界。直到夏末秋初，也就是農曆七月上旬，高粱全部收穫之後，田野的風光才會恢復空曠無際的景觀。

　　高粱收穫之後，將田地整理、施肥，在中秋節前後，開始播種小麥。小麥長出嫩芽不久，天氣開始轉冷。這種所謂"冬麥"，要在田裏度過凝霜、結冰的寒冬，直到下一年春天，清明節前後，才重新恢復生機。一望無際的綠色麥田，景象和台灣的稻田相似。在農曆四月初小麥結穗，接近五月漸漸成熟，轉為金黃色。節氣還不到"芒種"，便開始收割，約在一週之內完成。

收割之後的小麥田，略加整頓，並且施肥，然後種植大豆。大豆就是"毛豆"，可長到七、八十公分高。台灣也種植，產量不多。在華北因為種植面積廣，晚秋時，大豆的葉子由綠轉黃，遠看一片金色，是一種很不同的田野風光。蘇東坡在徐州做官的時候，寫"浣溪沙"詞，其中有句是"問言豆葉幾時黃"，正是寫作者問農民大豆幾時成熟的意思。由此也可見中原種大豆有其久遠的歷史。

先種高粱，再種小麥，小麥之後種大豆，連續耕種一年半的田地，也該休息一段時間了。閒置一個冬天，到隔年的春天，又重新開始種高粱。如此周而復始，年復一年，人們依靠大地的生產，以維繫生命，繁衍綿延。這種最基本的演進模式，即使在科學昌明，工商進步的今天，即使生產方法變了，技術進步了，但演進模式的本質，一點都沒有改變。

以上所記，是我童年記憶中的景況。前幾年回鄉探親，得知目前主要農作物只有小麥一種沒有改變，另外種植最多的是玉米，大豆和高粱在當地已種植不多。

農家生活，有辛勞也有歡樂。我在童年時期，親眼目睹這種寒來暑往，春花秋實的季節更替，有感動也有希望。如果沒有離開家鄉，我想我會成為一個很稱職的農夫。

牛耕田、驢推磨

在古早時期，沒有機器，人們常利用的動力是來自牲畜。大象、駱駝、牛、馬、驢、騾等幾種動物，最為大家所熟知。這種情形，全世界恐怕都沒有例外。在我小時候，北方人種田多養牛、馬、驢、騾。我家養的是一頭黃牛和一頭驢子。

牛耕田在台灣早年很常見，大家都見過，不用細說。我家養了一頭小毛驢，不是用牠耕田，而是用來推磨。驢推磨，台灣沒見過。小型石磨，在台灣農家會看到，一個人手持推桿可以使之轉動，用來磨米漿、豆漿。北方除了有小石磨，還有大石磨。大石磨的直徑約六十公分，轉動部份的磨盤重量至少也有五、六十公斤，用人力推動太辛苦了，所以用驢子去推動。驢子配上施力裝置，牠就繞著石磨轉圈，推動石磨，以磨碎穀物。

小毛驢很馴良，把牠牽到石磨前，牠就知道要幹活了。套上拉繩，蒙上眼睛（不把眼睛蒙起來，牠會暈），牠就乖乖地幹起活來，可愛得很。參看附圖。

我們使用大型石磨，和我們當地的食物有關係。拿小麥製麵粉固然可用石磨磨碎小麥製成，但這不是主要的需求，最重要的是我們那個地區的主食是一種名為"煎餅"的食物。這要把糧食泡水用石磨磨

小毛驢推磨圖

成麵糊狀，然後用一種特殊的廚具 "鏊子" 去烙成像紙一樣薄的餅，每張餅的直徑約五、六十公分。退休以後，我去過中國大陸不少地方旅遊，南北東西，都沒有發現有什麼地方的人是吃煎餅的，只有我的故鄉至今仍然有很多人家以煎餅為主食。不過生產動力已全部機械化了，飼養的牛、馬、驢、騾只有在動物園裏才看得到。

地窖與地屋

北方天氣寒冷，每年冬天都會下雪，水面結冰，冰結得很厚，所以人們可以在冰上行走或運動。為了應付寒冷的氣候，我們的許多農產品，都要放在地窖中保存。大約在農曆九月中，從菜園裡採集的大白菜、胡蘿蔔、大蔥等蔬菜和從田裏收穫的番薯全部放進預先挖妥的地窖裏。地窖寬度和深度各約一公尺，長約一公尺半。窖上架木梁，木梁之上鋪秫稭（高粱的桿），秫稭上面用土埋起來，正上方留門，再加上保暖的覆蓋。我們家的地窖就在花園裏，每隔數日打開地窖一次，取出大約五天所需的食材。

地屋是什麼？地屋是一種特殊的房屋。這種房屋不是用作住家，而是一種公眾活動的場所。建造的方法是在地上挖個長方形的坑，坑的四周作牆，屋頂從地面蓋起。遠遠望去，只見屋頂，好像一棟房屋沉到地下去了，剩下屋頂露在外面。因為地下的溫度高，所以冬天很暖和，人們就在裡面看書、聊天、打麻將、拉胡琴、唱歌…，熱鬧得很。

這種地屋，只用一個冬天，氣候轉暖，便拆除了。以上兩項富有原始風味的設施，都可以代表我幼年時北方農村生活的特色，故拿來說一說。現在社會進步了，交通運輸也遠勝往昔，類似的方法多已不復再見。

記一位鄉紳

陶官莊是一個普通農村，五十戶居民之中，大家都以種田為生，但卻住著一戶富有人家。主人褚子臨先生是清朝的舉人，很有學問，同時在陶官莊近郊擁有很多田地。為他種田的數十戶佃農全是他的子民，都隨他住在他用圍牆圍起來的社區裡面。

褚舉人的這種生活格調，在清朝統治時期，當然是毫無問題，但清朝被推翻之後，年年兵連禍結，社會動盪，他就很危險了。一些別有用心的知識份子，今天喊打倒"資產階級"，明天叫消滅"封建勢力"，對他就造成很大的威脅。不過還好，陶官莊畢竟是一個偏僻的小小農村，所以一直到褚子臨先生在1943年前後過世，他家還算是平安無事的。在清朝考中舉人，常常會被"外放"去做官，如縣令之類，但褚先生"中舉"的時間大概是在清朝末年，滿清已搖搖欲墜，他好像沒做過什麼官，一輩子都在陶官莊作鄉紳。聽說他晚年南京有某大學想聘他做教授，他以老、病辭而未往。最近在一個拍賣骨董字畫的網站上看見褚子臨先生的書法，是行草體的條幅，字寫得渾厚漂亮。

褚舉人有一個兒子早逝，他有三個孫子，名字分別是慶錦、慶鑄、慶銘。其中褚慶銘和我的年紀比較接近，所以小時候我們見面時，常會談談彼此已讀過什麼書。他曾有舉人爺爺做老師，讀書當然受過很好的教導，所以學問很不錯，人也溫和有禮。

我在1998年第一次回鄉探親時，沒有見到慶銘。倒是慶鑄先生來看我，那時他已是一位滿頭白髮，滿臉皺紋又駝背的老人。回想我幼年時，他英姿煥發的模樣，真有不勝今昔之感。談起來，他的家人亡故的亡故，遠走他鄉的遠走他鄉，全都散了。

過了兩天，我出門訪友回來，黃昏時走過一個偏僻的十字路口，看見慶鑄先生和他的夫人，我向他們打招呼。二老正在一間十多坪大的茅草房前，那就是他們的住所。慶鑄站在旁邊，他的夫人用煤炭爐生火煮飯。昔日的高門華第主人，如今竟落得這般模樣。其實早年褚家的生活水平，實在比不上目前香港或台北的一個中產階級，如果說他家是因為有錢而遭此巨變，未免太冤枉他們了。

奇人董二叔

我家的鄰居董二叔是一位跛腳鐵匠，一個大字不識，但他手藝超群。他在陶官莊做鐵匠，遠近馳名。他的本領是看見任何東西，都能用鐵打造出來。農村小孩的一種玩具是滾鐵環，董二叔為我打造的一支鐵環均勻輕巧，我玩了許多年。四鄉有人需要鐵配件，都來找他，他幾乎沒有做不出來的東西，因此他的生意好得很，整天忙個不停。他的哥哥和他一塊打鐵，就只會夯大錘，做粗活，完全沒有他的手藝。

我常想像他這樣的人，如果受了現代的技術教育，肯定是一位了不起的技術人才。抗日戰爭期間，村人都知道他為當地的游擊隊造槍，更是日以繼夜忙個不停。步槍、手槍他都會仿造，連槍膛裏面的"來復線"他也有辦法造得出來。當時嶧縣已淪陷到日本人手裡，游擊隊很難獲得需要的槍枝，董二叔就成為他們的"供應商"，日夜趕工。每次完成一支，都要到村外"試槍"，沒有問題了，才交給游擊隊。由於當時陶官莊人有一種自發性的保密觀念，董二叔為游擊隊造槍的事一直到抗日戰爭結束後，才在各地傳揚開來。

像這樣一位"抗日英雄"，照理說在抗戰勝利後，應該得到政府的獎勵才是。然而在國、共兩黨天天交戰的混亂局勢中，哪裡有人記得他呢？

1998年我首次回到家鄉，董二叔還親自來看我。那時候，他已年老，更不良於行了。他拄著他自己設計的三角凳，一步一顛來到我們家。五十年沒見面了，但我一眼就認出他，連忙起身迎接，一時禁不住熱淚盈眶。那次見面後，聽說他不久就離開了人世。

沒有宗教的地方

陶官莊是一個沒有什麼宗教信仰的地方。不但陶官莊，我們週遭的許多村莊也都一樣，人民的宗教信仰心可以說是非常薄弱。在我幼年所知的方圓數十公里之內，沒有一座廟宇。過年時節，一般人家也會燒一炷香，向灶神祭拜，希望祂"上天言好事，回宮降吉祥"。灶神是一種古老的神祇，論語裏不就有"寧媚於灶"的話嗎。

我的家鄉沒有廟宇，沒有古蹟，但是有一種"節孝碑"。顧名思義，節孝碑是一種弘揚守節、守孝之人的碑刻，有的雕龍畫鳳，做得十分華麗。我們村子西邊就有一座，是由一位褚老太太出資為她自己樹立。石碑中央刻著"表揚節孝"四個大字。右半側有一段碑文，內容是"褚節婦張氏陶家官莊褚修仿之妻也。母家馬家山。張氏十九歲于歸。越九載，夫病故，家貧甚。氏飢寒迫日，矢志彌篤苦節，三十餘年。鄉人悲其遇而敬其節，公議立碑，以垂不朽，俾異日采風者有所依據。"。碑文和書寫都出自我們村中褚舉人的手筆。他在石碑的左側稍內下方落款：舉人褚子臨頓首拜題。最左邊從上到下寫紀年：民國十九年夏月穀旦。我回鄉時得知這座華美的節孝碑，久已被人打斷成數截，埋入泥土中。

明、清兩朝，據說皇帝為了拉攏他的臣下，常下令為他臣下守寡的母親立牌坊以表揚她的節孝，節孝碑也許就是由此而來。不僅我們村裏，鄰村中也有。除了"表揚節孝"，也有寫"飭褒節孝"或"節並松筠"之類的。人都好名，有些老太太一生省吃儉用，到了晚年自己立座碑來表揚自己，她可能覺得很有成就感。其實我看到的那些節孝碑，都是民國年間樹立，清朝已經滅亡很多年了，久已不流行這一套了，但鄉下風氣閉塞，舊觀念的改變不是那麼容易的。

受儒家文化影響

我們村裏的人對於神佛都比較冷漠，表現的是"僧道無緣"，但是對於死去的祖先，卻有超乎尋常的崇敬，這大概和儒家文化有關。孔子不是說過嗎："生，事之以禮；死，葬之以禮，祭之以禮。"，他認為這樣做才是對於祖先的崇敬之道。有一回我和我太太到山東曲阜，曾遊孔林，孔林就是孔家的墓園。這墓園的規模之大，範圍之廣，墓碑之多，我想全世界都"無出其右者"。這種風氣的影響所及（從我的家鄉到曲阜大約只有一百多公里），使得我們村中經濟情況較好的人家，於長輩過世後，常在墳墓前樹立高大華麗的石碑，請名人撰寫頌揚死者的碑文。

我們家早年住在嶧縣的桃花村，大約從我高祖父這一輩才遷居陶官莊。陶官莊之西有我們家的祖塋，從我祖父這一輩以上，每一位祖先墳前都有一座墓碑，有的還很有氣派。祖塋的門前，樹立兩座頂端刻成石獅的青石柱，石柱上刻聯語，上、下聯分別是：左右湖山佳氣常蔥蔥鬱鬱；春秋俎豆先澤蔭子子孫孫。在1998年我回到陶官莊時，要不是家人指引，我已無法辨識我家祖塋位置。不要說墓碑，連一塊斷石殘柱都沒有看到，全都被破壞殆盡了。

明朝人唐伯虎寫桃花庵歌，其中有幾句說："世人笑我太癡顛，我笑世人看不穿。不見五陵豪傑墓？無花無酒鋤作田。"，這實在是很高明的見解。晚近很多人死後把骨灰灑向長空，灑向大海，灑向草原，甚至於灑入田園做肥料，也都是極明智的做法。

我的啟蒙教育

我幼年時，因為農村裏沒有普及教育，村中的五十戶人家，讀書識字的大約只占一半左右。我的父親和我的祖父，都是讀書人。不僅父親、祖父，我的高、曾祖父輩，也都是"知識份子"。我推想這種情形，也許和我的一位名叫孫栝的先祖有點關係。根據前幾年新修的孫氏族譜，我才知道我的這位先祖在清代乾隆時期曾做過官，其中包括"揚州道員"、"布政使"、"按察使"等官銜（在今天的網路上還可以看到一些有關他的文件）。當然，在民國以前，讀書考功名是全國老百姓找出路、脫貧的唯一途徑，所以有些鄉下農民在種田之外，用功讀書，也不是很意外的事。

我幼年時，陶官莊上的許多人家都有"耕讀傳家"的觀念。過年時貼春聯，常寫"忠孝傳家遠；詩書繼世長"或"東魯雅言，詩書執禮；西京明訓，孝悌力田"之類，看起來文風還頗濃厚。所以當我在牙牙學語的時候，我的祖父便教我認識他用紅方紙寫的字。祖父是我的啟蒙老師，他先教我認識字，後來就教我念唐人的五言絕句詩，像目前很多兒童都會背誦的李白的"靜夜思"，孟浩然的"春曉"，王維的"竹里館"等。不久之後，我就會背誦很多首。後來他又教我念

地球韻言原貌

七言絕句，如杜牧的"秋夕"，王昌齡的"出塞"，李白的"送孟浩然之廣陵"等。這些古詩，雖然語句都算淺白，但我不記得我懂這些詩的意思。這也是古早教育兒童的一個特點，不問懂不懂，教了再說。

　　祖父教我念的一本真正的書是"地球韻言"。這本書分裝成好幾卷。第一卷開頭便說："大地橢圓，旋轉如球，東半西半，分五大洲"。第三卷開端是"義大利國，漢書大秦，都城羅馬，地中海濱"。此書是清代人張士瀛用四言一句韻文寫的地理書，讓小孩誦讀，頗有成效。我當年背誦此書，時間過去七十多年，有些段落，至今還能朗朗上口。請參看附圖。

　　過了不久，地球韻言好像還沒念完，我的祖父就因病過世了，那時我大概是六、七歲。在朦朧中，依稀還記得當時的失親之痛。祖父過世以後好多年，我還會常常夢見他。

進私塾讀書

祖父過世後，我父親曾有一段時間教我念書，念的書包括唐詩、論語之類。但我父親終日忙田裏的事，他有時也請住在離我家不遠處的兩位李先生以臨時工的身分來幫忙，實在抽不出時間教我讀書，因此就把我送進一間私塾去上學。

這間私塾是一位名叫劉振鎔的老先生開的。劉老師也是我們陶官莊很有學問的人，我追隨他念了二年多書，念完論語、孟子、大學和中庸，以及一部份詩經。還選讀過多篇古文觀止，從簡短的"陋室銘"、"春夜宴桃李園序"，到次短的"待漏院記"、"黃岡竹樓記"、"醉翁亭記"，再到較長的"前、後赤壁賦"、"捕蛇者說"、"前、後出師表"等。

那時讀古書，意思全懂的文句不多，每天以背誦為主。背得越多，就算成績越好。這種填鴨式的教育，在今天當然大多數人已無法接受，但也不能說一點用處都沒有。

我忘記後來劉振鎔老師為何不教書了。他的大哥劉振鐸先生又開了一間私塾，我再去向劉振鐸老師報到。振鐸老師是一位滿臉留白鬍鬚的老人，很像一位哲學家，但是他人"望之儼然，即之也溫"，對學生很好。我跟他念完詩經、易經、書經，大概前後也有一年到二年的時間。

我跟兩位劉老師讀書時，當地正淪陷在日本人的手中。可能因為陶官莊是一個偏僻農村的緣故，我幾乎不記得有看過日本人。直到抗日戰爭快要結束時，我們在村外常常看見國民黨軍的戰鬥機在西方遠處俯衝掃射火車的鏡頭。村裡的人都在傳說，日本快要投降了。果然過不久，就傳來日本投降的消息。對於這樣一個天大的喜訊，在鄉下好像也沒有引起多大轟動，不過大家都很高興就是了。

遭逢一次兵燹

在抗日戰爭勝利後不久的秋天，有一批據稱是國民黨的軍隊，自南方過來，北上"剿匪"，從陶官莊經過，在莊上停留將近兩天一夜，結果對這個純樸的小農村，造成空前的浩劫。

村民得悉有自己國家的軍隊到來，因為是頭一次，大家都很興奮。當地的保、甲長（那時沒有村、里制）向村民集資買鞭炮、備茶水，準備大事歡迎。眾人當時懷抱著"簞食壺漿，以迎王師"的心情，結果得到的是徹底失望。

軍隊抵達的那天上午，很多村民都到村口迎接，但軍隊對村民似乎沒有甚麼善意的回應。當長列的大隊人馬全數進入村中以後，氣氛變得嚴肅。那些軍人根本沒有把老百姓放在眼裡。當天下午，他們把各戶人家都趕進每家的一個小角落，其餘房屋全被他們佔住。像我們一家，就被迫住進平日放置農具和牲畜草料的房屋裡。

軍隊住下之後，他們在村外四周先挖"散兵坑"，然後把村中的棗樹都攔腰砍斷，將棗樹枝當作"路寨"，佈置在散兵坑前方，防止敵人接近。老百姓眼睜睜地看著生長數十年的棗樹林，一夕之間被砍伐殆盡，內心的苦痛和憤恨，可以想見。

依照當地農村的習慣，每年農曆七月從田裡剪下的高粱穗，都堆積在門前的曬穀場邊上，用秫稭作成屋頂狀的掩蓋，等忙完田裡的工作後，再作處理。不料這些野蠻的軍人，當晚竟把高粱堆點燃，利用燃燒的火光照明，去防止敵人來偷襲，燒了一整夜。第二天早上，焚燒過的高粱全都凝結成大塊的黑色焦炭。老百姓眼看著自己的糧食被燒燬，只能無語問蒼天。

村中菜園裡種的白菜、蘿蔔和大蔥，本為儲備過冬之用。一日之內，都被軍隊採食、踐踏，破壞無遺。村中老輩說這是百年來陶官莊不曾遇到的災難。

村裡的人在事後得知：這批過境的軍隊，是由吳化文率領。有人說吳在對日戰爭期間，曾帶軍隊向日本投降，也有人說他曾在汪精衛政府當高官，做過漢奸。勝利後，他又投靠國民黨軍，這次從南方來，就是一路在和共軍作戰。經過我們家鄉北上後，不久他又向共軍投降了。

插班小學五年級

在1947年夏末，有一天，我的一位表叔到我們家裏來，他名叫王繼遠，是我祖母長兄的兒子。這位王表叔也是讀古書的高手，但因他家住在津浦鐵路旁邊的多義溝，得風氣之先，早已放棄讀古書去徐州進了現代學堂。他讀的學校名叫培正中學，是一間教會學校，畢業後回鄉做小學老師。他對我父母說：要讓我去讀新式學校，不要再念古書了，念古書完全沒有出路。

但是我們陶官莊附近並沒有新成立的學堂，於是他推薦我去念他任教的多義溝小學，又替我安排、說項，於是我決定那年秋天進多義溝小學，插班五年級。王表叔還告訴我，進五年級的功課問題應該不大，但算術可能跟不上，所以要先做預備。我請他幫忙找有關的課本，他很熱心地都幫我借來。仔細一看，果然頭大，因為加減乘除的符號，我從來都不曾見過。後來經過一段時間的摸索，算術也漸漸地有點通竅了，尤其是一些應用問題，還覺得蠻好玩的。天天廢寢忘食，花時間弄算術。到1947年九月，我進入多義溝小學就讀五年級。

我是從讀古書轉過來的人。拿到課本之後，因為內容都是用白話寫的，看起來覺得有點"幼稚"。讀這種書輕鬆得很，完全沒有適應問題。有一次算術課，我因為衝得太快，鬧了一個笑話，還被同學起了個外號。教我們算術的是鄭良維老師。鄭老師有一天講解同分母分數的加法。我覺得道理很明顯，沒有什麼需要講的，於是我貿然問了一句：請問老師異分母分數的加法怎麼算？大概那個時代在老師講課時提問題被認為是不禮貌的。鄭老師可能有點不高興，大聲回問我：你問甚麼問題？我重複說一遍異分母分數的加法怎麼算？同學們可能沒聽清楚我的問題，頑皮同學帶頭為我取了個外號"異分數"。來到台灣之後許多年，老同學見面，還有人記得這個外號。

住多義溝上學

多義溝小學離陶官莊將近五公里，我不可能天天走路通學，只能借住在我表叔家裡。我有五位表叔，他們早已分家，但都住在一個大院落裡，各有自己的房子。五位表叔中的二表叔，早在抗日戰爭時期離家，我沒有見過。不過他太太（我叫她二表嬸）是一位有才能的女性，帶著他們的兒子王清揚單獨過活，日子過得很不錯。我住在大表叔家，二表嬸常請我去她家吃飯，因此我和他們母子都變得很熟。事實上，每一位表叔的家人都對我很好，他們並不把我當作外人看待。

大表叔王繼訓先生家的客房多，我被安置在一間中型客房裡，和我同住的還有一位年長的客人，我久已忘記是什麼人了。有一天我們談到一年之中為什麼會有春夏秋冬四季。我憑著從"自然"課本上學到的一點知識，大談一年四季的成因。那位客人聽了我的解釋，然後補充說：其實海洋對氣候的影響也是很大的。我那時因為沒有這方面的知識，只強調地球繞太陽運轉的位置作用造成春夏秋冬，對他的正確見解頗不以為然。一知半解，自信太過，這是少年人最容易犯的錯誤，我可能比很多人更莽撞些。

一個震撼消息

對日戰爭結束之後，國民黨和共產黨的軍隊就開始打內戰。當時村裡的人似乎比較害怕共產黨，說共產黨來了會清算鬥爭。可是在各地進行的國共戰爭，國民黨的軍隊差不多是連戰皆北，而共產黨則是屢戰屢勝。這時候，嶧縣當地的知識份子想到應對時局的方法是逃亡，模式和抗日戰爭時期相同：往後方撤退。因為那時的戰爭都在東北和華北地區進行，後方當然就是長江以南各省了。

在1948年秋天，我本來要到多義溝繼續升小學六年級，並沒有別的打算。大概是在九月底的一個傍晚，王繼遠表叔從陶官莊東方一個市鎮周家營辦完公事回到多義溝去，恰巧從我家門前經過。他看見我在門口，就對我說：嶧縣縣立中學有可能向後方撤退，聽說念完五年級的學生就有機會參加。你問問你爸爸媽媽，他們願不願意讓你去。如果願意，你明天就到多義溝小學去問詳細的情形。學校已經收到縣裡的公文。

繼遠表叔對我說完這段話，就在暮色蒼茫中匆匆趕回多義溝去了。對我這可是一顆震撼彈，使我興奮的不得了。我向父親、母親報告後，母親是堅決反對我一個小孩子離家遠行。我父親是一個溫和冷靜的人，他雖然也捨不得我獨自離家，但他覺得有機會去念中學，也實在是一個難得的機會，因為在風氣閉塞的農村裏，很多人連小學也沒有進過。他要我第二天到學校去了解一下，再作定奪。那時心高氣盛的我，簡直是志在必得。因為從出生到如今，我連距離五十公里之遙的徐州都沒有去過，如今天上掉下來這個可以遠遊的機會，教我怎麼能不興奮呢？

誤判害我五十年

第二天吃完早飯，我一個人去多義溝小學。因為還沒有開學，我想我的同班同學也許不會到學校來。想不到很多人都到了學校，因為在寧靜的多義溝小鎮上，大家都聽到了這個消息。我們去校長室詢問細節，承辦人說當天下午要辦一個說明會，希望有興趣的同學都去參加，到時候大家必定會知道一切詳情。

在那天下午的說明會上，有兩件事我記得最清楚：一是隔天下午出發，到時先在這裡集合，會有人帶隊。二是這次出去，不會像抗日戰爭那麼久（抗日戰爭時，有很多學校跟隨政府撤退到後方，經過八年，勝利後才返鄉）。國共戰爭，國民黨一定會勝利，最快可能在年底之前，說不定你們又會回到學校來。想不到就是後面這幾句判斷錯誤的話，使我離開家鄉整整五十年之後，才有機會重返故里。這是當時萬萬沒有想到的。

當晚回到家裏，我把詳情向父母稟報了。他們聽說年底之前會回來，便覺得很放心。因為我住在多義溝表叔家上學，有時一、二個月不回家是常有的事，他們認為九月到年底不過三個多月，覺得可以接受。我母親雖然很擔心我在外面的生活，但她聽說我和要好的同學們在一塊兒，也就寬心不少。

　　在家裡最疼愛我的祖母，這時已八十多歲。我離家時，她身體有些不適，躺在床上。我出門前，興奮地對她說我很快會回來看望她，她握住我的手微笑點頭。我被興奮沖昏了頭，就像平常出門上學一樣，完全沒有一點離情別緒。哪知這一別，竟成永訣，再也沒有機會見到最愛我的祖母和父親、母親。當我在離家五十年之後的1998年回到故鄉時，真是恍同隔世。內心的悲涼，哪裡是我這隻笨筆所能形容萬分之一的。

---

† 目前該地已改由山東省棗庄市薛城區管轄，不再隸屬嶧縣。

第二篇　懵懂少年天南行

離家之後，在流亡學校待了大約半年的時間。這是我一生中過得最艱苦的一段歲月。

離開家鄉

在1948年九月底或十月初的一個明媚的秋日，我一個人帶了簡單的行囊離開陶官莊。我離開時，全村人都在陽光下的黃金色豆田裏忙著收穫大豆，而我就像平常去多義溝讀書一樣，沒有人特別注意我。

到多義溝小學集合時，我發現我們班上連我自己共有十個人參加。其中劉本材和劉本棟是兄弟，鄭濟武和鄭濟英也是兄弟。另有褚慶榘、韓建樹、謝秀文、高玉璿、鄭遵仁等。吃罷中飯，我們由一個瘦高型的男士率領，到不遠處津浦鐵路上一個名叫唐湖的小站去乘火車。乘的是一列貨車，大家席地而坐。車往南行，經過韓莊站，大約兩小時後，我們在一個不知名的小站下車。然後領隊帶我們往東步行，走了好久，天色漸漸地暗下來，我們就在一農村裡住下，花錢吃了晚飯。房主在一間草房的地上鋪滿柔軟的麥草，我們打開鋪蓋，倒頭便睡。九月底十月初的天氣不冷也不熱，我們十個人擠在一起，談得高興，不知不覺就睡著了，一覺到天明。

　　第二天我們又走了半天，中午到達潤頭集，這裡就是我們的目的地，是全縣的學生報到和集合的地方。我們辦了手續，十個人同進同出，形影不離。初次離家，大概覺得這樣比較有安全感。潤頭集距離抗日戰爭時中國軍曾大敗日軍的台兒莊很近。我們在此停留一個多星期，我不記得我們曾去過哪些地方。

　　後來大概是因為全縣來報到的學生太多，學校就舉行一次考試。考試在離開潤頭集的前一天舉行，結果我們十個人之中有二、三位沒考及格，他們只好決定回家。但我們實在捨不得他們離開，極力勸他們不要怕，跟著走就是了。後來他們果然沒有離開，學校也接納了他們，我們十個人一個沒少。大概在十月中旬到了徐州，我們住在市立中學的宿舍裏。

　　在徐州停留十幾天，天天結夥逛街，到處遊玩。火車站前的中正路是新鋪的柏油路，寬闊平整，大概是當時徐州最漂亮的一條馬路。彭城路是一條狹窄的石板古道，但很繁華，彭城是徐州古早的名字。我們最喜歡去的地方是黃河岸邊的小吃市場，牛肉湯泡燒餅最合我們的胃口。在徐州十幾天，這些都是至今仍然留在我腦海中的印象。

　　我們在徐州停留期間，認識了很多別處來的新同學，大家在一起談笑，又不上課，快活得很。

南下瓜洲

　　有一天，學校下了通告，說次日要乘火車南下，我們得到消息，非常興奮。我記得我們離開徐州的那天，當地的天氣是陰沉的，但沒有下雨。火車約在午後兩點鐘離開徐州，一路上開開停停，同學們坐在車廂裏，有說有笑，非常高興，好像去旅遊一般。

　　天黑不久，吃過東西，我們就在車上睡著了。清晨一點多，車到蚌埠站，忽然吵起架來，我從睡夢中驚醒，不知是怎麼回事。從車窗外望，看見一個憤怒的小販吵著要到車上來揍一位觸他霉頭的同學，大家起哄不准他上來，他氣到不行。後來火車開了，我們看見那位小販還在月台上不停地叫罵。

　　火車離站後，我才知道：有一位名叫解廣志的同學（他的大名我至今沒忘），生性頑皮，火車一到站，他從車窗伸出頭去，問那位在月台上叫賣的小販有沒有兔子牌香菸。北方做小生意的人，最忌諱說兔子，特別是在清晨。據說一個人出門做買賣，如果遇見一隻野兔，他便掉頭回家，這一天連生意都不做了。解廣志問他有沒有兔子牌的香菸，這是觸他霉頭，犯了大忌。我們弄清原委，每個人都笑到捧腹，都忘不了這位少年人的〝傑作〞。以後大家生活在一起，常常看他要寶。

　　早晨，車到浦口站，下了火車，買早點吃。我們步行到長江邊，看見滔滔的長江流水，嘆為觀止，因為我們從沒有機會見過這麼壯觀的水流。那時長江上還沒有大橋，碼頭上停著一艘要接我們過江的巨大渡輪，也是前所未見。今天真是開了眼界。

　　乘渡輪到南京的下關車站，並沒有機會看到南京市容，就上火車開往鎮江。下了火車，在鎮江站前的空地上排成整齊的隊形，各人坐在自己的背包上，候船往長江北岸的瓜洲。瓜洲是一個古老的城市，我在唐詩上早已讀過〝潮落夜江斜月裡，兩三星火是瓜洲〞的詩句，心中當然很嚮往瓜洲看看。

　　我們在鎮江車站等了很久。吃過午飯，又吃過晚飯，到晚上七、八點鐘，才輪到我們登上開往瓜洲的小輪船，下船時好像九點多了。我記得當時瓜洲街上還沒有電燈，我們排成一字縱隊由老師率領步行到一個地方住下，住的是什麼地方，現在完全沒有印象了。

　　第二天一早天氣晴朗，我們站在運河岸邊觀看洋洋的河水。這條由北方來的大運河，穿過瓜洲市區流入長江。七點多鐘，我們到和運河平行的一條古老石板街上買早點，因為人太多，店裡賣的早點被我們搶購一空。瓜洲是一座古城，但不是一座大城，和我家鄉的小鎮周家營有些相像。吃過早點，已九點多，同學們結隊逛街。我在一家書店裏買了本“古文觀止”，因為我覺得這書印得很漂亮。

　　到了下午，我們一部份同學，大約有一百多位就被安排住進離運河不遠的一座城隍廟，不是住在廟方接待客人的房間裡，而是住在供奉神像的大殿中。因為人數眾多，大家席地展開鋪蓋鋪好，一排一排地頗像部隊上軍人住的寢室。

　　這個看似艱苦的居所，對於少年學生，完全不以為意。因為不要上課，老師也很少管我們，大家白天同進同出，晚上海闊天空地閒聊。同住的學生中除了那位在蚌埠車站惹禍的解廣志，還有一位講笑話的高手，名叫焦玉生。每晚睡覺之前聽這兩人說講，笑聲不斷。現在回想：他們實在是進戲劇學校念表演科的好材料。

到南京去玩

　　我們在瓜洲停留約二個星期。其間的某一天，有同學提議去南京玩，說他有同學在那邊，可以去找他的同學。這時候，我交了不少朋友，於是我們五、六個並不是很熟悉的同學，決定一同去南京，反正流亡學生乘車、乘船都不用買票。那時候乘火車，不僅可以坐在車廂裡，也可以坐在車廂頂上，甚至於坐在火車頭上空蕩的地方，狀況和我們在電視上看到的某些落後國家的情景沒有兩樣。

　　我們在南京住了一晚，去過些什麼地方，已經沒有印象，只記得我們到過挹江門，城牆高大，城門正上方有"挹江門"三個大字。挹江門前不遠處有一條河，河上有橋。我們從橋上走過時，看見一個騎自行車送信的郵差不小心把大批信件散落在橋上，他想下車撿拾，一陣風來把信件都吹到河裡去了。水面距橋面有很大的落差，落水的信件不可能再尋回。這使我知道寄信是有風險的，不一定能送到收信人手上。

繼續南行

　　大概在1948年十月底或十一月初我們離開瓜洲。在一個天氣已轉涼的傍晚，從鎮江乘火車往上海，第二天清晨到達上海北站。我們沒有機會到街上去，只在車站大門口看到街上像流水般的汽車，這景象是我們以前不曾見過的。

　　我們在月台上吃過午飯，便乘火車往杭州。窗外的田野裡處處有綠意，和北國深秋荒涼蕭索的風光大不相同。離開上海時，天陰無雨。午夜到達杭州，當地正在下雨，老師催我們下車。更換了火車之後，繼續南行。途中經過錢塘江大橋，這是在地理書上見過的一座大橋。過橋之後不久，我就睡著了。

　　第二天清早醒來，火車正在浙贛鐵路上向西南奔馳，雨仍然不停地下著。這一天竟日下雨，黃昏時分，車到江西的上饒。在我離家之前，多義溝的二表嬸曾對我說：她的先生，也就是我的二表叔，有通信處在江西上饒沙溪街九號陳中和酒店（這個地址我至今沒忘），有機會可以和他連絡。想不到現在就來到上饒。但是火車只停很短時間，我不敢離開學校下車去找二表叔，就這樣錯過了和他見面的機會。過門而不入，事後想想覺得很可惜，但是又有什麼辦法呢？

　　火車駛離上饒後，我在煙雨濛濛的暮色中看見鐵道左邊有許多座狀如石柱的山峯。這樣的山峯，過去從來沒有見過，覺得非常好看。不久天就黑了。

　　次日早上醒來，陽光明亮，火車停在南昌車站。我們在此用過早餐，繼續南行。當天中午，車到樟樹，在這裡，贛江上的火車橋梁正在施工。我不知道是新建橋，還是舊橋翻新，反正必須下車渡河，再乘火車，所以在此處耽誤不少時間。我記得江中的魚產很豐富，看見捕魚的人撒一次網，網住的魚一個人幾乎拖不動，令人留下深刻的印象。

　　火車離開樟樹，繼續往西南行。所過之處，窮鄉僻壤，偶有一、二村落，正是宋元詞曲中寫的那種“竹籬茅舍人家”，看不見一個城鎮。這種景觀，千百年來，大概都沒有什麼變化。火車經過地理書上念過的江西萍鄉、湖南醴陵等大城時，都在夜晚，我全無所知。一覺醒來，火車已到達湖南株洲。株洲是浙贛鐵路的終點，也是粵漢鐵路上的大站。

　　我們下車買早點，車站附近的小飯館或飯攤有一種很有趣的規矩：只算飯錢，不算菜錢。一碗飯要付多少錢，這有價目，但小菜的種類很多，自助享用，不須付錢。這裡的人都講湖南話，和他們溝通已有點困難了。

　　早餐之後，乘粵漢鐵路上的火車繼續南下。離家鄉越走越遠，此時心中有一種說不出的惆悵，但因和同學在一起，有個依靠，還不至於感到徬徨。中午時刻，車抵衡陽。衡陽是大站，上下車的人熙熙攘攘。我們下車，在月台上吃中飯，停留約一小時，然後繼續南下。

　　大約又經過二小時車程，來到耒陽，這是歷史上一個很有名的地方。在唐、宋時期，耒陽即為南方要地。唐代大詩人杜甫據說就死在這裡。但耒陽車站很簡陋，上下車的旅客很少，火車只停一、二分鐘便繼續開行了。

在傍晚五點鐘前後，火車在一個名叫樓鳳渡的小站停下來，大家下車，原來這就是我們的目的地。下了車由老師率領，我們各人背著自己的行囊，沿著一條用青石板鋪成的田間小道往東走。走了半個多小時，來到一處名叫李家大屋的農村，村中有一座規模宏大的李家祠堂，我們全體就住進了這間祠堂。

當天晚上因為學校還沒有辦法供應膳食，只好各人自己想辦法。我們一同到農家去，語言不通，比手畫腳表明我們要買東西吃。當地人十分善良，總算弄了些東西讓我們填進肚子。回到祠堂，大家都很疲倦了，於是摸黑（鄉下不可能有電燈）打開鋪蓋，胡亂躺下，無聲地睡去。

附圖顯示我們這次南來經過的路線。

四聯中二分校

自從入學以來，我們還不知道學校叫什麼名字。到了湖南，才知道校名是國立第四聯合中學第二分校。校長宋東甫先生是我們在澗頭集報到時就知道的（宋先生這時年紀已不小了，大概在50歲到60歲之間。他在抗日戰爭期間就曾帶學生隨政府撤退到四川，這次再帶領流亡學校是他"重作馮婦"。來到台灣後，他不做校長了，在台東女中教書，好像就終老在那裏），至於我們學校裡學生的人數有多少，我估計不會超過五百名。

我們於1948年11月來到湖南郴縣境內的這個小村落李家大屋。在

流亡學校南來路線圖

接下來近半年的時光中，幾乎是苦不堪言，生活是十分不快樂的。剛到達的時候，我們個人從家中帶來的錢差不多快花光了。每日三餐吃的是公糧，主食常不夠吃，副食又不好，對於這群正在發育成長的少年人，實在是很大的折磨。學校每天都排了課，但師生都提不起勁來，教學的成效很差。

後悔離開家鄉

我離家時多義溝小學師長的預期是國民黨很快打敗共產黨，我們年底就回家。可是現在的情勢呢？每天報紙上的大標題都是國民黨軍隊節節敗退的消息。當徐蚌會戰束國民黨軍慘敗的消息在報紙上以特大標題出現後，情況有了更大的轉變。當時的湖南省長是程潛，他打算向共產黨投降，對於我們流亡學校，採取任其自生自滅的態度。為此，我們全體師生還北上長沙去請願。狗吠火車，哪有什麼效果。

到1949年三、四月間，有消息傳來說：為了就近吃糧，我們學校必須遷往湘東的安仁、攸縣、茶陵一帶去。山高路遠，要步行前往。這消息簡直是晴天霹靂。在這種低氣壓之下，我們有很多同學聚談時都思念起家鄉來。我們後悔當初做了錯誤的選擇，不該參加流亡學校。現在有什麼辦法呢？

抬煤的日子

每隔大約三個星期，我們所有的男學生就要到七、八公里外的一處煤礦場去抬我們用來煮飯的煤。兩個人用一根竹桿抬著一個籮筐，裡面裝了大約十幾公斤煤炭，長長的隊伍走在田埂間的石板道上。因為可以去玩，我們並不以為苦。在礦場我第一次看見挖煤的工人是如此之辛勞：他們肩上拖著載煤的箱籠，血紅的嘴巴，向外噴著白色霧氣，全身烏黑，一絲不掛地從礦坑裡爬出來。那景象真是嚇人。這是我生平第一次看見。

師生都長疥瘡

因為伙食不好，我們有時也到村子裏或者棲鳳渡小街上去買吃食。說來可憐，湖南號稱魚米之鄉，但當地的人民生活實在很貧苦，一般是沒有肉類、魚類上桌的。我們能買到的是一種名為"粑子"的米食。這是一種狀如涼粉的食物，切成小丁加蔥花、辣椒等，用當地出產的一種漿糊狀的咖啡色茶油烹炒食用，口味很重。我們能加的"營養"就是這種食物。

因為營養不良，加以居住的環境潮濕，幾乎每個人都罹患了一種皮膚病：疥瘡。這種疥瘡生長在手指和腳趾間隙處，奇癢無比，有時還會化成小膿包。可是無醫無藥治療，大家只有忍受。

決定回家鄉

到了1949年四月裡，大家的情緒低落到極點，我們實在想回家了。有一天我們從多義溝來的十個人聚會，多數同學都認為這樣狼狽回去，實在無顏見故鄉父老。其中只有劉本棟、鄭濟英和我三個人堅持離開。本棟的哥哥本材，濟英的哥哥濟武都不想走。就這樣我們三人做了回家的決定。其實那時候北方的戰事還沒有完全平息，貿然北上，也是蠻危險的。但我們思鄉心切，也顧不得這許多了。

　　且說在1949年四月底或五月初（確切日期忘記了）的某一天，我們三個人再加上自願和我們同行的黃崇岐君，四個人一同到棲鳳渡車站去乘火車。我們從上午等到天黑，沒等到北上的客車，客車只有南下的沒有北上的，北上的火車好像都是裝載軍用物資，而且過站不停。棲鳳渡車站是一個簡陋的小站，只有一間平房，售票和候車都在這間平房裏。當晚我們就坐在候車室中的木凳上過了一夜。第二天繼續再等，又等了一天依然沒有北上的火車可乘。我們四個人有點灰心了。

走投無路去做兵

　　等到第三天上午，有一個年輕的軍人走過來和我們搭訕。他操北方口音，自我介紹說他是河南省人姓冀，在交警總隊做技附（一種職位不高的小官）。他聽了我們要回家的計畫，為我們分析說：現在北方正在打仗，只有運到北方去的軍用物資和部隊，不會有人要去打仗的地方，所以沒有北上的客車。他說你們在這裡等下去，可能不會有結果，不如跟我一同先到南方去，再慢慢地想辦法。

　　我們四個人聽了他的話，覺得很有道理，況且眼前實在走投無路，於是我們就跟著這個陌生人乘火車南下了。大約午後四點鐘，火車在一個名叫新街的車站停下來，此地距廣州已不太遠。我們下車，在陽光下隨冀技附順著一條寬闊的步道往西北方向步行。走了約半小時，到達一個很大的村落，名叫三華村，這裡就是我們的目的地。冀帶我們走進也像祠堂的一座院落，門前有石階，我們隨他到廚房吃飯。這幾天都是買些零星的食物果腹，難得這樣飽餐一頓。

　　餐後，冀帶我們去見他的隊長。隊長身材魁梧，滿口廣東官話，他說的我們一句也沒聽懂。接著又到另外一個房間，由一位年輕的軍人拿給我們每人一套軍裝，這時候我們四個人才知道冀帶著我們來是要我們當兵。冀見我們猶豫，馬上說他自己也是從北方來，現在兵荒馬亂，不容易找到生存的地方，勸我們當下忍耐，將來大家再慢慢地一同找出路。此刻我們是弱勢，沒有辦法，就這樣糊里糊塗進了交警總隊（全名應為交通警察總隊，是當時守護鐵路的一種部隊）。

我們四人個頭都太小，發的軍裝都大而無當，穿在身上，要摺上捲下，大概十分可笑，一時成為隊上其他人開玩笑的對象。

我後來回想，我們進的這個部隊，好像是屬於交警總隊的一個通信單位。人員平常很少在隊上，都在外面做查線、裝機或維修之類的工作。我自己就常去跟別人做幫手。

我們到的時候，四個人天天都會見面，大約一個多星期後，被拆散了，是不是防止我們一同逃跑還是工作上的需要，就不得而知。劉本棟被遠調到廣東北部的韶關，是鐵路線上的一個大站，我們南來時火車曾經在那裡停過。鄭濟英和黃崇岐也都被調往他處，只有我一個人還留在隊上。

三華村當時地屬花縣，是一個頗為現代化的村落（現在花縣好像已改名花都市），村中到處是水塘，公園整潔。我記得我曾在公園裡遇見一位老者，我們語言不通，但可用筆談。他國學根底深厚，五經四書用廣東話念，朗朗上口，令我非常佩服。另外，我還記得三華村中有很多戶人家門上掛著黃花崗七十二烈士的紀念牌，這些應該都是在當年黃花崗之役有人戰死的家戶。還有當地念中學的女學生身穿黑色制服，腳著木屐，留長辮，成群結隊地講著廣東話走在路上。

這些都是我在三華村時留下的印象。

打屁股打到流血

我們同來的四人被分散之後，我在隊上並不孤單，因為我又認識了四、五位也是北方流亡學校來的年輕朋友。不過他們都不是四聯中二分校的，年紀也比較大些。

我估計我們全隊大約只有五、六十人，平常很少集合。某天發生了一件大事，有一位做飯的炊事兵逃跑，被捉了回來。隊長集合全隊講話。在他開口之前，有人先把那位逃跑的士兵拖出來，按在地上用竹棍打屁股，打到鮮血染紅了軍褲。那士兵趴在地上不斷地哀嚎，景象慘烈，打完被人拖了下去。這大概是"殺雞儆猴"之舉。接著隊長講話，他說的我一句都聽不懂，但他好幾次說到"雞蛋"，使我好奇。事後問別人，才知道說的是要求隊裡的成員保管好發給大家的子彈。

日子在平淡中過著，有吃有喝，工作不重，似乎沒有什麼不好。我時常被派去幫忙到新街買菜，有汽車往返，還覺得蠻好玩的。憑我一人，似乎沒有要離開的念頭。

冒險逃亡

有一天中午已過十二點，我忘記我從什麼地方回到隊上，先去廚房吃了些東西，然後回房間。一進門，我呆住了。和我同住的三個同伴，平常放在床邊的私人用品已空無一物。他們曾和我談過遲早要離開，我知道他們逃跑了。想到那個炊事兵被打屁股，現在又跑了三人，將來再想逃跑一定難如登天。當時正是午睡時間，我立即跑到儲藏室，換上便服，拿了我的一小部分鋪蓋（天已熱，厚衣物不要了），把我在瓜洲買的古文觀止放在枕頭上，表示我還在，然後步出側門，裝作若無其事地向東方走去。

出了三華村，穿過鐵道，便進入田野。路兩旁好像種的都是甘蔗，高高的青紗帳，成了天然的掩護，讓我鬆了一口氣。我一個人走在空曠的道路上，烈陽高照，但我知道我能完全掌握方向。

我向東走了恐怕有三個小時（後來和朋友談到此事，他們都認為我開始向東走不向南走，是高明之舉），才轉而向南走，腳步也慢了下來。向南走不久，再轉而向西。一路上我居然不曾遇見一個人、一座村落。

傍晚時分，我走到新街車站之南的一處平交道。照理說，為安全起見，我應該等天黑再穿過平交道，但當時的我畢竟年少不更事，天沒黑我就去穿越平交道了。真是恐怖之至！我們隊上有三、四個人，我都認得，他們正坐在柵欄旁側的木椿上比手畫腳地說話，大概是被派出來捉拿我們幾個逃兵的。他們居然沒認出我來。我從他們旁邊走過，頭皮不停地乒乓作響，幾乎嚇死。過了平交道，馬路上都是厚厚的塵土，我在塵土上走了好一會兒，路旁出現了昏暗的街燈。

走到街上，路右邊有一個人坐在門口乘涼，那又是一個軍人。我問他什麼地方可以住宿。他操北方口音，問我從哪裡來。我說我是流亡學生，下火車買東西時，火車開走了，我要去追學校。他一聽就明白了我的意思。和他同住的有許多位，好像是屬於什麼軍官團的，他們不但讓我留住一晚，還招待我吃了一頓晚飯。

第二天早起，那幾位軍官先生好心地告訴我公車站的所在。我乘公車到了廣州。下車之前，我還不知道怎樣去找流亡學校，更不知道是哪個分校，但我猜想廣州一定有北方的流亡學生。我問駕駛，想不到他會講普通話，他說他知道在哪裡，到時會叫我下車。果然不假，就那麼巧，下了公車，一眼就看見很多熟面孔。原來國立第四聯合中學第二分校從棲鳳渡遷到廣州來了。和許多同學再度相逢，感到分外親切，他們圍著我問長問短，自然不在話下。

哥哥找回弟弟

我回到學校住進當時的廣州第五十三小學。每天和同學逛街，中山紀念堂、珠江大橋，很多名勝我們都去過。在廣州住了大約十天，其間劉本棟的哥哥劉本材聽我說本棟被派到韶關去工作了。兄弟情深，本材隻身前往韶關，居然把本棟帶了回來，過程曲折離奇，充滿不可思議。多年後，我們每次談到這件事，都認為是一個奇蹟。

本棟說他在韶關，住在一個火車箱裏，負責看管一些通信機器。夜晚天在下雨，他睡不著覺，趴在車窗口向月台看。他想念當時在當憲兵的大哥，希望能看到他大哥在月台上熙來攘往的人群中出現。大陸那麼大，他在家鄉時只記得大哥當憲兵去了，不知在哪裡。天南地北，怎麼可能出現在韶關車站？這本來是夢想，是一個少年人在無眠的雨夜思念親人的一種反射行為。大約在凌晨三點鐘，奇蹟出現了：本棟忽然看見他二哥本材從火車上下來。他顧不得一切，接連穿越好幾條鐵軌，爬上月台。就這樣兄弟二人一同回到學校來了。

同學們聽了劉家兄弟的故事，無不稱奇。韶關是一個大城，在那淫雨瀟瀟的夜晚，兄弟二人居然能順利地相見，一同回到學校來，這怎能不說是個奇蹟。

另外一位是鄭濟英，他好像被派到源潭去工作，他的哥哥鄭濟武據說在四聯中二分校遷到廣州之前就已離開學校，所以兄弟二人都沒有到台灣來。

逃離軍隊再回籠

　　大概在1949年5月下旬，國、共的內戰已打到江南京滬一帶了，國民黨的軍隊還是節節敗退。這時候，學校決定遷往台灣。在一個晴朗的早晨，十幾部大巴士把我們全體師生從廣州市區載送到黃埔港，準備上船。船就停靠在碼頭旁，照理說人上了船就可以開了，但是沒有那麼簡單。我們在黃埔港等了三天三夜，還是沒有上船的消息。一種傳說是台灣方面怕學校裡有潛伏共黨間諜，不敢讓船開往台灣，想把流亡學校都集中到澎湖去。而學校還在交涉爭取去台灣，所以無法立即開船。

　　就在這個時候，駐紮在黃埔港附近的海軍陸戰隊中，有一位名叫鄭允棠的中尉軍官。他是多義溝人，他的父親就是教我們算術的鄭良維老師。他聽說黃埔港有很多山東來的流亡學生，便到碼頭來看看是不是有同鄉，結果就找到我們從多義溝來的八位同學。他請我們到附近的一間茶樓飲茶、吃點心。他問我們要不要跟他去參加海軍陸戰隊，說一開始不用做兵，等長大之後再從軍。我們八個人中大都不願意，只有鄭遵仁和我兩個人願意隨他去海軍陸戰隊。照理說我有過在交警總隊的經驗應該怕做軍人了，那知還是沒有學到教訓。因為和眼前的景況對比，讓我覺得當時軍人的生活還不是那麼差。這應該算是我閱歷不足的一種膚淺判斷。

　　去陸戰隊，對我而言等於是進入一個限制嚴苛的特殊環境。在其後的若許年中，確曾由於身分特殊，讓我在受教育的過程裡，遇到不少困難。但最後我仍然獲得不錯的生活，這也頗能符合我與世無爭、喜歡自得其樂、平凡安逸度日的性格，結局還算說得過去。至於遵仁，他決定追隨鄭允棠先生到陸戰隊來，可就吃了大虧。這是後話，下面有機會再說。

四聯中二分校的同學中，有李樹民、張友文等人。有一段時間他們曾成為台灣警察界的名人。

在流亡學校的日子，就寫到此處為止。

憶浮生往事

第三篇　走過艱苦崎嶇路

從黃埔港隨鄭允棠先生進入海軍陸戰隊，後來又變成裝甲兵。在這一段時間中，我靠自修完成中學學業。走的路是崎嶇的，生活也十分艱苦，內心卻對未來充滿希望。

海上生鄉思

鄭遵仁和我跟隨鄭允棠先生進了海軍陸戰隊，我們在黃埔港附近的陸戰隊營區只住了二天，第三天就上海軍的登陸艇開往海南島了。我們乘的船起錨時，流亡學校的師生還在碼頭上繼續等待。

船駛出黃埔港，往南航行。眼望著無垠的大海，我突然思念起家鄉來。離家已半年多，沒有通過音信，我想念我的家人。如今向天南航行，離家越來越遠，我何日才能回到家鄉和親人見面？在船上的幾天，我天天都想家。每想到家中的親人，就有椎心之痛。

我們住在船艙裏，艙中到處都是人，燈光昏暗，全是席地而臥。在一連數日寂寞又漫長的航程中，沒有歡笑聲，甚至相互交談的人都少看到，大家的心情顯得沉重。在白天，人們多到甲板上活動，遵仁和我更是不到天黑不進入船艙。

船上供應的食物也不好，黃豆牛肉罐頭、豆腐乳、花生米、鹹菜，**餐餐都是這幾樣**。最受不了的是引擎燃燒的煤油氣味和永不停止的機器噪音。

抵達榆林港

　　大約經過三天二夜的海上顛簸，我們終於到達海南島最南端的榆林港。下了船，便住進離碼頭不遠的一棟二層樓上。這裡的房屋還不少，大概都是早幾年日本投降前公務機關的所在。市區內處處有高聳的椰子樹，一片熱帶風光。有一條東西向的柏油大道橫貫市區，這是中山路，也是市區唯一的幹道。道旁的商店都是矮小的平房，連二層樓都沒有。在日據時期，這裡純然是一個軍港，居民可能只占極少數。我們到達時，距日本投降才不過三年多，三年中，國、共一直在打內戰，市容不應該有大變化。

　　我們住的二層樓位於中山路旁，坐北朝南，是當地數一數二的大型建物。樓上有很多房間，樓下好像是一劇場，能容納幾百個座位。所有的人都住在樓上，隊伍常在樓下集合。

　　到海南島之後，鄭允棠先生給遵仁和我兩人的職位是"勤務兵"。這是舊日軍官慣有的一種很腐敗的作為：找年紀幼小的兵士，當作他的僕人，名為勤務兵。鄭先生讓我們作勤務兵，大概是讓我們有個存在的名目，實際上他好像從來沒找過我們為他個人做什麼事。我們沒有軍服，也不參加他們隊上的活動，於是我們兩人有空就在附近閒逛。有一天，我們在中山路上一家文具店裡看見二個軍人買了很多文具，老闆算清價錢。其中一個軍人告訴老闆收據上的價錢要提高一倍，令人印象深刻。

　　當時鄭允棠先生正式的職務是中尉排長。遵仁和他是同宗，他們都是多義溝人（在多義溝這個小鎮上，姓鄭的人家很多，大概早年這裡是鄭姓家族的一個聚落）。按輩份遵仁應稱允棠爺爺。我們私下閒聊，遵仁說希望他這位爺爺將來能找機會讓我們回學校念書。遵仁在黃埔港決定跟鄭先生過來，有這種宗親關係可能是一個誘因。

住在榆林港碼頭附近時，伙食並不好。幾乎每餐飯都有綠豆芽炒韭菜這道菜，吃到大家倒胃口。若干年後，我們談起這道菜來，仍有"深惡痛絕"之感，害得我自那時起，從來不吃綠豆芽。另外就是冬瓜燒湯，也是餐餐都有。倒是當地產的一種包心白菜，炒熟後，味道極好，大家都喜歡吃。這是六十多年前的往事。那時物資缺乏，軍中伙食不佳，大約每週只有一次加菜，常吃的是紅燒豬肉。有一位阮姓年輕人，為了吃豬肉補充營養，連宗教信仰都拋棄了。

士兵的水準

漸漸地，我們和鄭排長所屬三個班裡的士兵也都混熟了。其中像鄭俊華、魏金發、陸鶴亭、杜聲光、高夢齡、劉力國等人本來都是青年軍二〇八師的成員，跟著鄭排長來到陸戰隊。還有幾位原本是在青島踏三輪車的。另外有幾位是上海碼頭的搬運工人。除了青年軍的十幾位都是中學生，其餘水準不高。別的單位偶有高水準的，也是極少數。

有一天夜晚，一位年長的山東老兵和一位年輕士兵吵起架來。吵架的原因是值夜的老兵還沒到時間，就把年輕的士兵從睡夢中叫起來接班。年輕的士兵不服，大聲抗議。問題出在老兵根本不會看掛在牆上的時鐘。他堅持長針和短針重疊就是一小時，所以兩人半夜吵起來了。

53

榆林港多魚

那時榆林港的形狀略如不甚對稱的英文字母大寫T。港口在最南端，入港向北行，最狹窄處大約只有二十公尺上下（和潮漲潮落有關）。再向北，左邊是主要碼頭，右邊的水域較大，但水比較淺，當年只能停靠小船，從北方下來的榆林河水就從此處流入港內。

這裡的漁產很豐富。我們曾見數人各自在釣鉤上裝釣餌，供一人釣魚。釣者把釣竿上的釣餌扔入水中，停不到一、二秒，便有魚上鉤，但見他幾乎連續不斷地把釣餌扔下去，拉上來，扔下去，拉上來。每條魚的大小、外型都和台灣的虱目魚相似。我們發現有這麼多魚，跑回隊上告訴廚房的人去買魚來煮。大概是人微言輕，他們根本沒有理會我們的建議。

羨慕兩兄弟

我們到榆林港的那個暑假，上級下來一道命令：海軍官校和機校招生，各單位如有高中以上程度的人，單位主管要鼓勵他們報名，一週後上級會派人來考試。和我們同住在二樓的有安志英、安志豪二兄弟，他們都是北京人，在北京曾念過大學，年紀約二十出頭吧？我和他們雖然不同單位，但同住在二樓，天天見面，日久就變得很熟。我看見招考的命令，問他們要不要報名，他們說一定要報，我好生羨慕。後來他們兄弟都被錄取，離開時告訴我說要到台灣入學。

他們1949年入學，也就是民國三十八年招考的那一班，應該在民國四十二年畢業（官、機二校都是修業四年）。若干年後，我有機會和該年畢業的官、機兩校校友共事。我問這些人，他們都說從來沒有聽過安志英和安志豪的名字，不知這兩兄弟離開海南島以後去了哪裏。

部隊移駐三亞

我們在榆林港住了一段時間，後來搬遷到三亞。三亞位於榆林市西北方的海濱，在三亞河西邊。我們住的地方距榆林市區約十多公里。為什麼搬過去，我不清楚，大概是為了訓練吧？

新營區原是日本人的一處軍事基地。這裡靠近海邊，遍地是白色的細沙，有數十棟木造營房就建築在沙地上。營區東面和南面的沙地上長滿高高的野草。營區之東原有一條鐵路，我們到達之前已被拆除。鐵路旁有一座小型發電廠，營區的用電就是這裡供應的。電廠之東便是三亞河，三亞河通到三亞港。該港當時是一個漁港，位於我們營區和榆林市之間，居民多為漁民，有市集。我們所需的副食品，大部份都是從這裡採購的。那時三亞營區附近沒有居民。當地人為黎族，都住在我們營區東方遠處的山區裏，以種植椰子、甘蔗和香蕉之類的農作物為業。

當時最便宜的水果是椰子。椰子水是最佳飲料，椰子肉也可以吃。肉和水的口感由椰子的成熟度決定，愈成熟的椰子水愈香甜，椰肉也愈好吃。每顆成熟的椰子水量很少，熟過頭甚至沒有水，但椰肉會變得很厚很硬。我們在海南島將近一年，最忘不了的是當地椰子的美味。

可憐的傷兵

三亞有機場，機場在我們營區的北方。有一條水泥做的公路從機場通到榆林，這條公路經過我們營區西邊的海岸。我們想去榆林時，就到路邊舉手攔空軍的交通車。可能上級有交代，每次只要我們舉手，車子都會停下來讓我們上去。

遵仁和我常去榆林玩。有一天，我們去榆林走到當初下船的碼頭，看見無數的傷兵躺在地上，不停地嚎叫、呻吟。有的被火燒得焦頭爛額、面目全非，有的人腿斷了，有的臂斷了。不知道這些人是在哪個戰場受傷後被送到這裡來的。當時遍地蒼蠅嘖嘖，沒有人管，看了令人心酸。這些傷兵，若有親人在旁照顧，也許還有活路，可是現在呢？這是我生平所見最慘不忍睹的一個畫面。

接下來我要記述一下我們所待的這個部隊。

記蔣獻瑞連長

鄭允棠排長的直屬長官是蔣獻瑞連長，蔣連長的官階是少校，江蘇省碭山縣（目前碭山似已劃歸安徽省）人。碭山距我們多義溝不遠，前者在微山湖之西，後者在微山湖之東。他說的話我和遵仁句句都聽得懂，我們特別愛聽他講話。所以當他集合全連官兵訓話或者上課時，我們兩人常躲得遠遠地偷聽。他說因逢戰亂，在進中央軍校之前，他當班長的時間比較長一點，前後有十幾年的光景。他常鼓勵他的部下要好好地幹，說十年二十年之後，也有機會站到他這個連長的位子上來。

　　連上有一位年輕的士兵，名叫張宏安，大概是鼻子有神經方面的毛病還是過敏，站在隊伍中忍不住會作擠鼻弄眼狀。蔣連長發現了，認為他是故意搗蛋，口裡叫著他的名字跑到他面前，揮舞拳頭恫嚇他，口裡還惡聲惡氣。其實這是很冤枉的。張是一個非常老實的年輕人，他的家鄉在蘇北的淮安。遵仁和我都跟他混得很熟。他個頭不小，但年紀比我們大不了多少。

　　蔣連長也常常親自為全連上課。有一天他講手榴彈分解，因為他是身經百戰的老兵，不用教材，全講他親身經驗的實例，講到激昂處有時會爆出粗話來。從頭到尾，大家被他的情緒感染，個個聽得精神抖擻，絕無冷場。真是比單口相聲還精彩。

　　那時蔣連長大約接近四十歲，好像作戰受過傷，走路有點跛。他有兩道濃密的黑眉和濃密的絡腮鬍，鬍子天天要刮，所以臉孔常是青色。像包青天，我們從來沒有見過他臉上有笑容。

　　蔣連長是第九連連長。駐在三亞的部隊總共有九個連、三個營，也就是一個團，總數超過一千人。團長蔣獻文，籍貫也是碭山。其人相貌堂堂，很會講話，年紀較大一點。撤退到台灣以後，應該是不久就退休了。副團長何恩廷，後來在台灣做過陸戰隊司令、警政署長等高官。

　　住在我們九連隔鄰的是第二連的迫擊砲排。排長是一個彪形大漢，姓劉，臉孔黝黑，外號劉大砲，他幾乎每天都帶領他排上的成員操砲。也許是舊式軍人的習慣，他一面操砲，一面不斷地罵他排裡的弟兄。有人操砲時無精打采，他就罵是行屍走肉；有人把砲盤放錯位置，他就罵是有眼無珠。罵完了再追加一句：該死的東西。反正沒有一句好話，每次操砲都是如此。被罵的人，個個逆來順受，一聲不吭。任何人看了都不能不對他這種"罵的教育"感覺稀奇。

交警部隊投共

我們到海南島以後，當地似乎沒有報紙，報紙都是別處運過來的。我們看到的消息，還是國民黨軍隊在大陸各地敗退。像傅作義投降，西北新疆某司令投降都發生在這段時間裏。有一天我在報上看到一則駐廣州附近交警部隊投共的報導。我立刻想到應該包括我待過的那個單位，很慶幸我沒有繼續留在那裏。

事實上，那時候留在大陸的很多雜牌部隊，台灣不僅沒有能量將他們撤退到台灣，而且也不敢收留那些多已被敵方滲透的武裝單位。

讀三民主義

在海南島的那一年，我讀過兩本書，一本是三民主義，另一本是革命詩文選。

唸小學五年級時，我就知道孫中山和他的三民主義。國語課本上說他是風姿英爽，目光炯炯，一生喜歡讀書，記憶力和理解力都超過常人，云云。但是對於三民主義，則只聞其名，不知內容為何。

當我讀過此書後，我就很喜歡它，因為內容說理清楚明白。例如他講三民主義，就對主義一詞先下個定義。他用苦力買彩券，中了獎卻不小心把彩券扔進黃埔港的故事來強調民族主義的重要；用他自己雇車趕時間來比喻民權主義的權能區分；用"漲價歸公，照價收買"的簡單原理來說明平均地權和節制資本的方法。這些都很能打動一個少年人的心。

　　我不但看內容，尤其喜歡看他在“廣州大本營”為三民主義寫的序言，甚至能把序言全文都背誦出來。

讀革命詩文選

　　這本書是早年追隨孫中山革命的一群志士的詩文選集。其中有孫中山的上李鴻章書、林覺民的與妻訣別書、蔣介石的報國與思親、秋瑾的詩文，還有方聲洞、陸皓東、黃興、宋教仁、寧調元、于右任等人的作品。書中不少文章或詩詞，我都會背誦全文，因為背誦是我幼時唸古書練出來的本領。

　　我也很喜歡這本書，因為內容雖是用文言撰寫，但淺顯易懂。像秋瑾填滿江紅詞，中有“身不得，男兒列，心卻比，男兒烈！”幾句，讀了覺得她很有志氣。本書的作者，大都是清朝人，作文喜歡用“典故”。譬如他們常用白居易琵琶行中“江州司馬青衫濕”的典故來表達悲痛、哭泣。所以林覺民的與妻訣別書裡有“司馬青衫”的句子，秋瑾的滿江紅詞用“青衫濕”做結尾。從這裡可見當時文人作文的格調，很有趣味。

　　這本書中有很多作品的作者是本人絕無疑問，但是有些居高位者則多由別人捉刀。像蔣介石的五十生日感言，斷不是他自己寫的。孫文的上李鴻章書一定是他自己寫的。他另有一首題為“輓劉道一”的七言律詩：半壁東南三楚雄，劉郎死去霸圖空。尚遺餘業艱難甚，誰與斯人慷慨同？塞上秋風悲戰馬，神州落日泣哀鴻。幾時痛飲黃龍酒？橫攬江流一奠公！這詩寫得很有氣勢，但不像是出自孫中山的手筆。

撤退到台灣

到了1950年四月，我們的部隊又返回榆林。這一次回來，不是
為了訓練，也不是為了演習，而是要撤退到台灣了。在海南島將近一
年，因為沒有什麼工作，我常常會想念家鄉，尤其是夜間，我幾乎天
天都做回到家鄉的夢。然而眼前面對的不是要回鄉，而是撤往遙遠的
台灣。

榆林港原有一些公家單位，像港務管理、海道測量之類的機構，
現在已是十室九空，他們都已早一步撤離。後來我才知道海軍陸戰隊
須負責掩護各單位撤退，因此是最後撤退的一個單位。

到了撤退那天早上，我們一行三十多人在碼頭附近一間日式平
房中吃完早飯，然後由一位領隊帶著往港口方向走。途中看見成箱的
新鈔票，扔在路邊，鈔票的面額都是五仟萬元，全部成了廢紙。走過
碼頭時，碼頭上的軍品堆積如山：各種軍用車輛、通信設備、電線電
纜、超過一公尺長的大砲彈以及用鐵箍綑紮的大批軍毯等，都放置在
碼頭上。不知要幾艘貨船才載運得完。

我們匆匆走過碼頭，沿著海港南岸向東行，然後右轉才到達港
口。就在右轉的地方，出現了一艘大商船，有很多穿制服的軍人正在
往那艘船上爬。領隊說這是一艘故意擱淺在港口的船，根本不可能開
行。那些可憐的軍人還是繼續從不同的方向往上爬，他們哪裡知道這
艘船是不能開行的？

在彈雨中穿過

過了那艘不能開行的商船，沿著榆林港西岸往南行。這時忽然有機槍向我們掃射，子彈從頭上颼颼地飛過。領隊下令要我們放低姿勢前進。幸好這一帶有稀疏的闊葉樹可以遮蔽，使我們沒有完全暴露在危險中。

榆林港口兩岸都有山，原本是要塞駐軍所在。但這次撤退，要塞的官兵並沒有包括在內，等於是被拋棄了。所以他們懷恨在心，用機槍掃射我們。聽說那時共軍還沒有趕到榆林，所以對我們射擊的不可能是共軍。

我們跟著領隊拼命奔跑，跑到港口，看見有一艘大輪船遠遠地停在海中。正在不知如何，忽然前方出現好幾艘灰色快艇駛向我們，正

中字號登陸艦

是來接我們的。登上快艇，立即開向大船。大船上放下繩梯，我們沿梯爬上甲板，心中的石頭才算放下來。

快艇雖有許多艘，但因容量有限，在我們登船後，又花了數小時，到午後一點多鐘，才把所有的人撤退到大船上來。這大船是海軍一艘中字號登陸艦（附圖示一艘同型的船）。不久，我們在船上吃午飯。這時向海上望去，海面有無數的人在游泳追我們這艘大船。這些人是軍人？還是平民？無法知道。後來我們的船已離岸很遠了，甚至天都變暗了，海裡還是有數不清的人在追我們這艘船。可嘆啊！

以上所記是我從海南島撤退時，親眼目睹的經過。

得金又失金

我和遵仁在海南島都是頂用別人的名字。那時候冒名頂替的風氣在軍中似乎很流行。記得我在交警總隊時也遇過類似的情形。雖然冒名，在撤退的前兩天，連裏還是發給我們每人十幾枚銀元。因為通貨膨脹，在海南島久已不用紙鈔，用銀元。

船到香港附近的萬山群島，要停留兩天。連裏一位四川籍的唐班長向我借錢，說他要到香港去買點貨，帶到台灣賣掉賺錢。唐班長是一個老兵，也是一個好人，他會做飯、做菜，遵仁和我都很喜歡他。我二話不說，把十多枚銀元全借給他。他去香港買了一大麻袋黑貓牌香菸，帶到台灣賣掉果然賺了不少錢（聽說有人買別種物品，也都賺錢）。他言而有信，連本帶利把錢還給我。不過當時台灣已不用銀元，他買了一塊等價的黃金給我。我把黃金放在背袋裡，掛在牆上，黃金下垂，明眼人一看就知道裡面有"東西"，但我全無警覺。不久，黃金便被人偷走。大家還幫我翻箱倒櫃尋找了半天，哪裏去找？

"來得不難、去得容易"（英文裏不是有soon got, soon gone的說法嗎？）。這是我年少時得金又失金的一段小插曲。

渡過驚濤駭浪

　　停了兩天，船離開萬山群島，駛向台灣。這一段航程令我終生難忘，因為半途遇到颱風。開船後的第二天下午，風浪漸大，海上白霧茫茫一片。接近傍晚時分，巨浪滔天。天黑時，海浪像山一般高，一個接一個襲來。遵仁和我站在艙口抓住欄杆向外觀望，景象十分恐怖。中字號登陸艦算是大船，但在眼前這種風浪中，就像一葉扁舟，船頭跌入浪底又浮上浪頭，在驚險中航行。天黑以後，風強雨驟，我們清楚地感覺到船身被浪頭打擊所產生的連續振動，同時聽到船身發出咯吱咯吱的響聲。甲板上許多原本排放整齊的53加侖汽油桶，被狂風吹得到處亂滾，更助長了恐怖的氣氛。我不記得這天晚上我們是否吃過晚飯，只記得我的心一直糾結著，不斷地發抖，就像末日即將來臨。

　　接下來，幸好沒有再發生什麼危險的狀況，就這樣航行了一夜。天明時，船外還是風急雨緊，船身依然顛簸得厲害。這時全船的人幾乎都在暈船，嘔吐之聲此起彼落。起初我的感覺還好，一個人還跑到廚房去找東西吃。廚房裡沒有人，但有許多已打開的黃豆牛肉罐頭。我在一個抽屜中發現一袋花生米，是生的。我們北方人慣於食用生花生米，我用漱口杯裝了大半杯，權當早餐，吃將起來。

　　到了上午十時，風雨小了些，但船的搖晃似乎沒有減少。這時我也開始嘔吐。先吐吃下去的食物，食物吐光了，仍暈眩不止，還是繼續嘔吐，吐出來的都是黃色胃液。胃液都吐光了，還是想吐。那種滋味，感覺離死不遠了。

終於到達台灣

午後風浪漸息，我們看到遠處有陸地，大家都說離台灣不遠了。當天下午，終於到達左營軍港，結束了艱苦的航程。

下船之後，我們暫住左營。好像參加過幾次在桃子園、佳冬、林邊等地區的演習。後來遷移到南投縣名間鄉的東湖村。那時候，蔣介石天天做他反攻大陸的打算，叫的口號是一年準備，二年反攻，三年掃蕩，五年成功。我和遵仁本來還想望有機會時再繼續讀書。鄭允棠先生對我們雖然不錯，但他只是一個下層軍官，哪有什麼力量支持我們去念書。況且基本上他也不認為我們還有繼續念書的必要。

由於蔣介石要反攻大陸，當然必須抓緊兵員。所以不但不能離開軍中，不久我們都被收編成正式軍人。這麼一來，可能永遠不得翻身了（後來知道：那年在黃埔港候船的學生，最終還是去了澎湖。在槍桿子的威脅下，大多數也都編成了軍隊。我常想，如果我沒有去海南島，到澎湖之後，仍然被迫從軍的機率恐怕也不會太低）。

做公文收發工作

住在東湖村時，我不記得發生過什麼大事。我有時會背誦古文，或是看三國演義。"孔明三氣周公瑾"、"關雲長單刀赴會"，故事熱鬧得很。這段時間幾乎是白白地度過。

自從遵仁和我成為正式軍人後，我們當然都有職務。遵仁做什麼事我忘記了，我自己的職務是公文收發。推薦我做這事的是一位喬極先生。喬先生推薦我的原因，大概是他看見我在記事本上寫日記，認為我粗通文墨。他是隊上的文書上士，原本在上海一家大舞廳的樂團工作。因戰亂從軍，後來撤退到海南島，再和我們一同來到台灣。在東湖村，他曾教我唱流行歌曲，如"夜上海"、"鍾山春"，我曾學會幾首。但唱得不好聽，後來就放棄了。

迷上幾何學

在1951年秋天，一個偶然的機會，為我打開一扇大門，從此改變了我的命運。

我們東湖村裏有一間醫務室，醫務室的負責人是彭碧岳醫官。有一天我看見彭醫官的書架上有一本"三S平面幾何學"，我要向他借來看看，他毫不猶豫地把書取下來遞給我。

我帶回宿舍看，看完開頭幾頁就著了迷，內容實在太吸引我。從這一天開始，只要有空閒，我就研讀幾何。這本書的特點是題目多，又淺顯易懂，極適合自修。大約在將近二個月的時間裏，我把全書的習題做完，心中高興無比。

在我開始看這本書時，我就興沖沖地找遵仁，因為兩個人可以相互討論，研讀必定更有趣味。想不到遵仁對這種東西完全提不起興趣，看見什麼同位角、內錯角、補角、餘角，他就打瞌睡，不能接納。我們嘗試過多次，還是沒有辦法。

我的夥伴既然不能和我共同奮鬥，我只好一個人孤獨地前進。幾何弄懂了，我的野心開始變大，下一步想要自修代數。

陸戰隊變裝甲兵

就在這個時候，我們的部隊有了變動。因為當時陸戰隊開始配備水陸兩用戰車（Landing Vehicle Tracked, LVT），但是沒有人會駕駛，會駕駛戰車的是裝甲兵。於是裝甲兵調撥了一部分人到海軍陸戰隊，而海軍陸戰隊也有一部分人調到裝甲兵，相互交換。就這樣，我們從海軍陸戰隊變成了裝甲兵。這件事大概發生在1952年元月。

變成裝甲兵之後，部隊就從南投遷到台北。在出發之前，裝甲兵曾派了兩個人到東湖村為我們講解汽車原理，上了整整兩天課。我自己覺得獲益不少，汽車的作用原理大致弄明白了。當然不可能十分詳盡。

讀范氏大代數

我們到了北部，先住在泰山鄉泰山國小對面的幾間日式平房裡。因為離台北市不遠，買書很方便。有一天我去台北市重慶南路的大中國圖書公司買了一本范氏大代數，這書由Henry Fine原著，駱師曾等人中譯（見附圖）。駱氏的譯文略有文言風味，恰巧我曾讀過一些古書，所以看起來很合胃口。此書前面有一小部份講實數論的觀念，其中有些材料略嫌抽象，不太適合初學者。其餘部份講代數，看下去就比較沒有困難（該書原名A College Algebra，是大專代數課本）。我花了好幾個月的時間專攻這本書，日以繼夜，把全書讀完。這書的一個特點也是習題多，且有答案，我差不多把每一個習題都做出來。在一般高中課本之外的內容，如一次不定方程式，高階等差級數之類，

范氏大代數

我也都吃下去了。做完全書的習題,很有成就感。古人說的"讀書之樂樂何如",大概所指就是此等感受。

有了平面幾何和代數的基礎,對於解析幾何和三角學我幾乎沒費什麼力氣,因為一般課本的三角習題都比較簡單。有一天傍晚,隊上開車送大家去台北市中山堂看電影。到達後,我沒有看電影。自己跑到現在信義路東門國小附近的一家舊書店,買了一本上海中學教師朱鳳豪寫的新三角學講義,因為書裡的題目很吸引我。到今天這本小書還在我的書架上。

自修物理和化學

數學弄通了以後,我就常跑台北的新、舊書店,把高中的物理、化學課本都買了回來,目標是想進大學。我知道前途還是困難重重,但我不會放棄這個憧憬。

　　物理對我來說沒有什麼困難。我記得我自習用的第一本書是張開圻編的高中物理課本，內容淺顯易懂。化學課本也是大陸上的舊書，我忘記了著者的姓名。這書也有文言風味，例如課文講物質不滅定律，後面的習題之一問：植樹庭中，年復高大，其如物質不滅定律何？

　　那時的理、化教科書裏常有簡短的科學家小傳，我很喜歡讀。有一處講到英國化學家波義耳（R. Boyle），說：波氏身材瘦長，面黃而憔悴，只因為飲食有節，運動有恆，所以仍能活到65歲（1627～1691），而在學術上有不朽的貢獻。寥寥數語，使讀者可以想見其人。

我的罩門是英文

　　當時考大學理、工科系的課目有國文、英文、數學、物理、化學和三民主義，其中只有英文一科是我的罩門。1950年來到台灣後，我就常在當時的中央日報上看到美爾頓英語招生、三極無線電招生等廣告。這些可能都是短期補習班，我心中雖十分嚮往，卻不可能有機會進入學習。此時隊上有一位王以佐先生，他是中尉排長，山東人，略懂一些英文，我曾去向他學習。他自己正在念林語堂著的開明英文讀本。

　　說起來真是天無絕人之路。這時候我們隊上有一位年紀和我相差不多的朋友，名叫梁植濱，福建福州人。梁君正在玩一種礦石收音機。學電的人都知道這是一種很簡單的收音機。裡面有一個小線圈、一個可調電容和一個礦石二極體，接好就可以收聽無線電廣播。因為訊號沒放大，聲音很小，收聽時要戴耳機。這個小機器很便宜，但耳機較貴。我由梁君引導，到台北火車站對面的中正路（現已改名忠孝西路）上一家商店買了一套，從此我可以收聽無線電英語教學節目。

收聽英語教學

我收聽的大多是趙麗蓮教授的教學節目。她每月出版一冊學生英語文摘，內容深淺都有，非常適合我。但她上課往往講很深的文章。一開始我很難跟得上，後來把生字先查好，再聽她講，很快就習慣了。

英文文法全是我自己看的。我看中文寫的英文文法書，但是當時流行的一本用英文寫的“實驗高級英文文法”，給我的印象最深刻。該書的作者是安徽安慶高中的一位老師，姓名我已忘記。

我們住的日式平房，是宿舍也是我們的辦公室。我坐在一個窗口收發公文。每天晚飯後，用礦石收音機聽英語廣播。有一晚天氣不好，收音機的音量不但變小，而且雜訊很多，幾乎聽不到。這時，坐在我背後不遠處、他自己床鋪上拉胡琴的書記官卻愈拉愈起勁，琴音蓋過一切聲音。我急得簡直要發狂，實在忍耐不住，跑過去口不擇言地對他說：書記官，請你不要拉琴好不好？我的收音機都聽不到啦！他抬頭看看我，把胡琴收了起來。這位書記官是商金銘先生。商先生是北京人，中尉官階，負責全隊的文書相關業務。他的毛筆字寫得很好，辦事能力也強，很得上級信任。他是一位不苟言笑的夫子型人物。我冒犯了他，我的頂頭上司，心想可能要倒霉了。結果沒有事。不但沒有事，自那天以後，他吃過晚飯不再坐在床上拉胡琴，都是一個人到田埂上去散步，英語廣播完了，才回到房間拉琴。對於這樣一位仁厚的長官，我心中當然滿懷感激，但我從來沒有當面對他說過。

報考國防醫學院

到了1953年，我自覺已有高中程度，想去考大學。就在那年夏天，我去位在台北水源路的國防醫學院報名。報名時承辦人向我要高中畢業證書，我說我是流亡學校的學生，沒有證書。他們說那很簡單，你們校長就在建國中學，你去請他寫個證明，就可以了。有位校級軍官很熱心地畫圖告訴我建國中學怎樣去，還把校長的名字劉澤民三個字寫在下面。我一看字條，心裏涼了半截，因為劉澤民並不是我們四聯中二分校的校長，可能是其他分校的。但我還是在大太陽下走路去了建中，心想也許會遇到願意幫助我的貴人。問東問西，終於找到劉老師的住處（他那時是建中的老師）。他和他纏過小腳的太太正在樹蔭下搧扇乘涼。我說明來意，劉老師不但沒有答應我的請求，還把我指責一頓，說我破壞他學校的名譽。坐在他旁邊的劉太太也幫她先生數落我。我只好悵然離開。

那天下午回到隊上，我吃不下晚飯。想著找不到出路的困境，整夜失眠，這是我有生以來的頭一次。

投考國防醫學院不成，我難過了好幾天。但是我並沒有被擊倒，一點都不灰心，有了空閒，我仍然孜孜矻矻地用功讀書。使我受到第二次傷害的是數日後報上刊出了國防醫學院各科的考題，其中除了我臨時抱佛腳準備的生物一科有不會做的題目，其餘各科都覺得不難。如果報名成功，我很可能考上國防醫學院。

聽大官講演

住在泰山鄉時,曾有一位大官到我們營區講演。那是一個星期天的上午,在泰山國小的操場上舉行。為了鼓勵士氣,他說台北的衡陽街是臭蟲街,住在衡陽街的有錢人都是臭蟲(那時衡陽街是台北最繁華的一條街)。我們全體官兵都是救國救民的英雄,英雄怎麼能羨慕臭蟲呢?

接著,他要大家學習力行哲學,力行才會成功。他舉力行成功的例子是尼赫魯發明無線電。尼赫魯發明無線電,張冠李戴,一位大將軍,記錯了人名,教人驚訝。發明無線電的應該是義大利人馬可尼。這位大官為什麼會把馬可尼誤為尼赫魯,一種可能是兩個外國人的名字中都有個尼字,他老兄弄混了。

新莊地區今昔

在1953年夏天,我們從泰山鄉搬遷到新莊,營區就在目前新莊國中對面的警察分局那個位置。背向馬路和與馬路垂直方向各有一長排平房,都是駐兵的營舍。臨馬路還有一幢日本人遺留下來的二層樓房,也屬於營區,常為陰雨天全隊開會、集合的場所。此樓到2010年前後才被拆除重建。

那時新莊市區是由現在的新泰路、中正路、大觀路和大漢溪所圍成的區域。新泰路通往泰山,是一條狹窄的碎石路,路兩旁都是稻田。中正路接重新路到台北大橋頭附近的三重埔,路邊有高大的樹木,路兩旁也都是稻田。1953年時,三重、泰山、五股都是只有少數人家的村落，周遭全為農田。大漢溪上還沒有新海橋，溪水清澈見底，河床上滿佈鵝卵石，對岸是白色的沙灘。天熱的時候，我們幾乎每天都到溪裡玩水。從沙灘上步行可到板橋火車站，沿途只有少數幾塊稻田。我記得田裏將要成熟的稻子，根部都埋在細沙裏，顯見曾被帶沙的溪水沖刷過。

在大漢溪邊，也就是現在的新莊果菜市場那個位置，有一家戲院。我曾去看勞軍電影，片名是"月兒彎彎照九州"，由香港明星陳雲裳主演，內容是一個漁家女的愛情故事，看了很感動。這好像是我平生第二次看電影。第一次看電影是數年前去長沙請願時，在長沙市湖南省立體育館內一間戲院裡，看過由關鴻達、韓蘭根主演的滑稽片。從南投遷來北部後，隊上偶有機會看電影，但我因忙於讀書，都沒有去。

住在新莊時，我長了一顆新牙。因為長不出來，痛得我日夜難安。我去街上看牙醫，醫生勸我多忍耐，他說牙齒一旦冒出頭來，就不會再疼痛。他開了一些止痛藥粉給我。這是一次難忘的經驗。

目前新莊幾乎已完全看不出六十年前的樣貌，除了新莊街等少數街道還有那麼一點點古早的風味，其餘都已現代化得面目全非。

另外還有一件事值得一記：在1954年一月，有一萬多名在韓國戰場上被美軍俘虜的中國士兵，願意投奔台灣，他們被稱為"反共義士"。這批人在一月二十三日從基隆下船，後來就把這一天訂為"一二三自由日"。那一天台北天氣陰沉。我和隊上許多人站在營區那棟二層樓上向窗外看，但見一輛接一輛載滿人的軍用大卡車，從窗下經過，往桃園方向疾駛而去。

移駐到湖口

在1954年三月，我們從新莊移駐到湖口。那時湖口是很荒涼的。我們住的地方沒有樹木，道路是泥土路，營舍是一排排木造魚鱗板壁的房屋。除了營舍，東邊是大片長滿野草的空地，聽說是專供戰車部隊演習射擊用的。

初到時，我們住的營舍四周還有些草坪，後來不知何人下令把草坪都鏟除了。鏟除草坪的土地一部份作為戰車停車場，進進出出的戰車，把道路輾得不成形狀。晴天是"麵缸"—塵土飛揚；雨天是"醬缸"—遍地泥濘。我們住在旁邊，實在苦不堪言。

湖口是紅土地質，我們用的地下水，也是紅色的。水抽上來還要加明礬之類的東西沉澱，沉澱之後的顏色，依然是淺紅色。煮飯、做菜都用這種水，所以我們天天"吃紅"。

用餐時，大家蹲在地上，圍成一圈，飯菜放在中間地面上。有風時，常常會把沙土吹進飯菜裏。從年初到六月梅雨結束的這段時間，因為常常下雨，日子比較好過。七、八月間雨少、天乾，加上湖口的風大且戰車常常開動，幾乎天天都是塵土飛揚。我們的衣物和床鋪上，到處都是塵土。有時候，白天夜晚都颳大風。在這種日夜都颳風的日子裡，雖然掛著蚊帳，我們早上起床時，每個人都還是塵土滿面，像戴了面具。放在床下的洗臉盆和漱口杯中，也都聚積了厚厚的一層塵土。

在這種艱苦環境中，各單位常傳出有人自殺。這種事通常是保密不許外傳的，因為怕影響士氣。自殺的人，大概是覺得前途沒有希望，又思念家鄉而不能回去，才會選擇自我了斷。前面提到的從青年

73

軍來的鄭俊華先生就是用卡賓槍以腳趾壓扳機自殺的。他自殺後，隊上曾再三交代：出去不准講。可是哪裏能完全不外傳呢？

報考空軍機校

遷到湖口之後，我們文書組的人不再是集中辦公。我做公文收發，單獨有一間比一坪稍大的房間。這裡就是我的小天地，可以常常把長官看過的報紙拿進來看看。有一天，我在報上看到一則廣告：空軍官、機、通三校招生，報名的資格是高中畢業或具有同等學力者，三軍官、士、兵也可報考。但是我不知道同等學力是不是需要證明（那個年代證明常被過分強調，所有學校，包括台大在內，都在招生簡章中宣告：若所交證明有假，入學後發現退學，畢業後發現註銷資格，追回證書。時代畢竟是進步的，2012年八月，我曾在報上看到一則報導：以後可憑同等學力報考大學，不再要求交驗高中畢業證書）。報名地點有很多處，全台北、中、南各地都有，離湖口最近的報名地點是新竹。第二天，我專程跑到新竹去，問清楚同等學力報考不需交證明，我立即報了名。

在一般人眼中，這也許是一件小事，但對我卻是一件大事，我十分渴望能考上學校離開湖口。報名之後約十天，考試在新竹空軍子弟小學舉行，考生總共六十餘人。第一天考了一天，第二天又考了一上午。英、數、理、化這些課目，因為常溫習，我自覺都考得不錯，但是其他課目考得並不好。考完之後，我天天急著想知道考得怎樣。焦急地等了一週，終於放榜，正取只有三人，我是其中之一。這時候的高興，是我有生以來從沒有過的。即使多年後，我在美國拿到博士學位，也沒有這麼高興過。

我考取機校離開後，隊上曾掀起一陣讀書風潮。許多念過中學的年輕人，都重拾書本，開始發憤圖強。機校畢業，我在空軍服務期間，聽說數年前曾帶領我買礦石收音機的梁植濱先生，還有一位翟君賢先生，兩人都考取了機校。然而我那位老同學鄭遵仁依舊沒有機會進修，一直都留在原單位服務。

又和同學們連絡上

另外，我要在此補記一筆後來我是如何又和流亡學校的同學們連絡上的。這和我喜歡看報紙有關。我看報的習慣是住在湖南棲鳳渡李家大屋時養成，因為那時關心國、共的戰事，希望早日回家，所以天天看報。在從陸戰隊變成裝甲兵之後不久，有一天我從報上看到一則關於澎湖防衛司令部子弟學校的消息，說從黃埔港到澎湖的流亡學生，一部份變成子弟學校的成員，另外一部份則是"自動請纓"從軍報國去了。看到這個消息，我試探性地寫了一封信寄到澎湖的子弟學校給劉本材和劉本棟兄弟，就這樣我們又連絡上。後來子弟學校從澎湖遷到中部員林鎮，改名員林實驗中學，我和本棟一直保持通信不輟。

憶浮生往事

第四篇　又遇難關幾多重

我考取空軍機校，離開裝甲兵，生活環境大為改善。在良好的生活環境裡，我讀完大學，又考取研究所。因為沒有被核准就讀，勉強念了一年多。正當困難重重的時刻，政府改變了政策。一路行來，雖然挫折不斷，但樂趣無窮。

進空軍預校

在1954年十月初，我接到機校的入學通知。報到的前一天隊上派了一輛吉普車把我送到新竹火車站。我在站前的一家旅館住了一晚，第二天早上八點鐘到車站集合。在候車室裏，我遇到同來報到的范繼堯和范繼舜兄弟。因為有一位正取生不能入學，所以備取第一名的范繼舜補上了。帶領我們的是一位空軍軍官，上了火車後他還要招呼別站上車的人，沒有和我們坐在一起。范氏兄弟和我一見如故，一路上我們談得高興。他們的父親好像是一位空軍軍官，他們兄弟長久以來就想進空軍機校，這次終於如願以償。

到達屏東車站後，改乘開往東港的小火車，在一個名叫大鵬的小站下車，下車時已是下午五點鐘。這裡是空軍的預備學校。照規定，官、機、通三校錄取的新生都要先入此校接受短期的基本訓練。走入校區，看見道路都是平直的柏油路，處處綠草如茵，花木修剪得整齊，環境甚是美觀。這個營區在日據時期是一處水上飛機訓練基地，面積廣闊，濱臨海港，房舍多為三層樓的大型建築。

我們被帶到宿舍，分配了床位，然後往一處規模很大的餐廳用餐，六人一桌。當時軍校學生的伙食，可能是錢多一些，也可能是當地的物價較便宜，比我原來部隊上的伙食要好過很多。餐後隊職官講解學校的各項規定，最讓我高興的是每天晚上有溫水可以洗澡。住在泰山和新莊的時候，每過一段時間由公家派車送大家去三重埔的澡堂，自己花錢洗個澡。初到湖口時，天冷沒人洗澡。天熱時，大家都是趁天黑脫得一絲不掛，在抽水機旁用地下抽上來的紅泥水沖沖而已。如今天天有溫水可以洗澡，那真是從凡間升上仙境了。

隊職官講完話，每人發了一套制服，長短不合身的可以立即修改，但帽子沒辦法改。我的頭較大，拿到的帽子恰巧戴不下去。不得已，裁縫在後面為我開了一個縫，這頂開了縫的帽子，我一直戴到離開預校。

沒有學到什麼

從次日起開始了預校的正式訓練。現在回頭看歷史，那個時代的所謂基礎教育，課程內容多由施教者自己定奪，沒有任何約束，所以有些課目簡直是兒戲。跑步、吊單槓、跳木馬、走正步都還有增進體能的效用，其他學科有些全是浪費光陰。

有一位教英文的老師，面色紅潤，蓄白色短髭鬚，年紀六十開外，我忘記他的大名。此老上課只和大家聊時事。那時金門還在打仗，他每次來都說金門一定守不住，遲早要撤退。有時從上課到下課，竟沒有教一句英文。而我們每人的英文成績卻都是八、九十分。

　　另外有一位教三民主義的老師，年紀不輕，學問卻很皮毛。他解釋為什麼是三民主義說：二民主義不夠，一民主義太少，三民主義正好，所以是三民主義。這位先生還說：石頭是生物。有人問石頭為什麼是生物，他滔滔不絕地解釋了一大套，辯才無礙。很多人都知道三民主義是孫中山先生的講演集，內容清楚明白。在早年，凡是有血性的中國人，大都贊成他的主張。後來三民主義變成各機關學校的訓練教材，多半都是任由教者胡吹了。

　　我自從來到預備學校，生活環境是得到很大的改善，但在學習方面幾乎沒有什麼進境。我們在此超過半年的時間，有一回舉辦長途賽跑，從學校跑到東港街上再跑回來，總共大約五、六公里。也曾到佳冬、林邊地區做過一次演習。在1955年三、四月間，我們到岡山去參加閱兵，在機場排隊等了一上午，曬得受不了，最後傳來的消息是閱兵取消。那一次據說就是後來盛傳的孫立人叛變，因而取消閱兵。

到機校受訓

　　到1955年六月，我們在東港預校的訓練告一段落，接著轉到岡山空軍機校受訓。空軍機校是一間以培訓飛機修護人員為宗旨的學校，水準和一般專科學校相當，成立於1935年前後。我們這一屆恰為第十八期正科。因為機校有許多短期訓練班次，所以我們訓練期間最長的稱為正科班。當時機校正科班的訓練分兩個階段：第一階段是基本學科，第二階段是專業訓練。基本學科有專科程度的物理、化學、微積分、應用力學、材料力學、飛機結構學、機動學、金屬材料學和工程製圖等，這一部份佔全學程的一半時間。其餘一半著重在專業課程，包括戰機的維修、補給供應和倉儲管理等。

　　當時的師資多半都是早年在大陸時招考的空軍高級班學員。這班人都是先念完大學再報考高級班，所以都有大學以上的水準。事實上，早年南部的各軍事院校和成大工學院中，很多師資都是空軍高級班出身。其中像張煜、朱耀衣兩位先生，南部和北部的許多大學他們都教過。因此當時機校的教官陣容還算不錯。

宋載鎮教官

　　由於師資不錯，我對上述的每一門基本學科都深感興趣，所以學到不少東西。其中應用力學、材料力學和飛機結構學都是我用力頗深的課目。我最喜歡教我們飛機結構學的宋載鎮教官，他對應用力學、材料力學和飛機結構學的嫻熟，很令人欽佩。當時我就認為他是一位很出色的應用力學方面的學者。

　　在他為我們上課的那段時間，就聽人說他是清華大學畢業，太太是清華的校花。因在1950年前後，宋太太受到共諜案牽連，被判刑關在台北監獄。宋先生每週六下午到台北看她（當時週六上午上班），次日下午再回岡山。如是者數年。

　　宋太太刑滿出獄後，大概他們移民到美國。這時宋先生應已三十多歲，到了美國再進史丹福大學。取得博士學位後，即往休斯（Hughes）公司任職。我在美國留學時，曾在航空學術期刊上看過他發表的文章，是頗有名氣的航空工程專家。

　　宋載鎮先生當然很特出，大體上說基本學科的教師都不差，他們都有一定的專業水準。但是普通學科的教師水準差別就很大。有一位教 "保密防諜" 課的上校教官，姓周，東北人。他的教材都是蒐集抗日戰爭期間，中國和日本間諜對決的實例，講來娓娓動人，每一實例都充滿了雙方諜報人員的智慧、技巧和方法。這才是教材，這才是教育！

還有一位教國文的陳教官，喜歡講近代名人的掌故，也很受歡迎。有一回他講汪精衛在北京密謀刺殺清政府的大臣，事敗被執。汪在獄中作詩明志，他寫：慷慨歌燕市，從容作楚囚。引刀成一快，不負少年頭。陳教官說：汪沒有負少年頭，後來做漢奸，負了老年頭。

教官水準不一

另外有一位顧姓教官，先後兩學期為我們講授三民主義和領袖言行。每次上課全是東拉西扯，言不及義。我們全班將近四十人，很多人對他感到頭痛，但也莫可奈何，尤其他講的課目都是政治敏感的東西。

顧教官身材不高，但很肥胖，臉上有些麻點。那時教室沒有冷氣，他夏天來上課時，穿軍便服，背後常因汗水濕透。有一次上課時，我差一點闖禍。他用流利的粉筆字（他的粉筆字寫得極漂亮，可能是個書法家）在黑板上寫下 "至大至剛" 四個字。我根本沒聽他在講什麼，便在一張紙上寫下 "至大至剛，至剛至強，至強至壯，至壯至胖，至胖…"，寫好了拿給我的鄰座同學看。這時班上注意聽講的人大概不多，教官瞥見我把一張紙條交給鄰座，便停止講課，走到我面前，把我寫的字條拿到手上看了一遍，扔還給我，然後走回講台。課也不上了，問大家有沒有什麼問題，顯然準備要發作。就在這時，下課鈴聲響起。顧教官說不准下課，他怪我們影響他上課的情緒。那天值日的是一位頑皮的同學，他不理會教官的指令，裝作沒聽見，逕自發令：起立，敬禮，解散！大家一哄而散。顧教官站在講台上氣得冒煙。我心想這回可能要倒大霉了。過了二天，顧教官再來上課，很意外，他居然沒提這件事，像平常一樣，開始講起課來。我自以為闖了大禍，結果不了了之。

事情雖然不了了之，但我總覺得是我得罪了顧教官，後來我曾找機會向他道歉，他表現的是出乎我意料之外的寬容。不過此事也讓我上了額外的一課：無論在任何狀況下，對人的態度都輕浮不得。

欽佩茹素者

在岡山機校受訓的時間長達一年半，生活條件很不錯。在娛樂方面，就是每週日上午去岡山戲院看一場免費的勞軍電影。

當學程進行到一半時，班上辦過一次活動：全班去嘉義縣的關子嶺旅遊。我印象最深刻的一件事是班上有四、五個人，包括我自己在內，完全不能接受山寺僧人提供的素齋。我們步行下山去吃肉絲麵，往返走了十多公里。我因此非常欽佩那些終年茹素的人們。

中原大地上的佛教信徒吃素，但是藏傳佛教徒並不吃素，像達賴喇嘛，豬、牛、雞、羊肉通吃。從前我對這種差異不了解，覺得奇怪。有一回看淨空和尚在電視上講經，他說中原佛教徒茹素，是由梁武帝（蕭衍）開始。由於梁武帝是天生素食者，也是十分虔誠的佛教徒，以帝王之尊，他曾親自為僧侶添飯、盛湯，所以極可能從那時開始，佛教徒全都師從他，開始吃素。我相信淨空和尚的說法是對的。

不過，我雖然敬佩僧、尼執行戒規（像吃素）的決心和毅力，但對於他們的宗教信仰，在觀點上則稍有差異。

關於宗教信仰

信仰宗教是人類的一種精神活動現象。西方的歷史學者把薄弱的宗教信仰視為古代中華民族一個罕見的奇蹟。華夏民族的宗教大都是外來的，極少產自中土。外來的宗教以佛教的歷史最久，影響最深。佛教的廟宇遍佈中華疆域之內，不是任何其他宗教可及。

中華民族擁有信仰自由，好像也是"自古有之"，歷史上沒有聽說有"強迫信教"這種事。中國古代雖有像梁武帝、唐憲宗那些篤信佛教的帝王，但和他們同時的也有范縝、韓退之等思想家。范縝相信"機率論"而不信"因果報應"。韓文公打報告勸皇帝不要去做"迎佛骨"那種迷信活動。雖然差一點沒被唐憲宗宰了，最後還是落得個"一封朝奏九重天，夕貶潮陽路八千"。范、韓等人敢向至尊提出和他信仰不同的意見，可見古代人民的信仰是自由的。如果皇帝佬一聲令下：全部給我信奉某某教，黎民百姓，有誰敢反對呢？

目前我們的社會是保持傳統的多元，讓信仰自由。我認為這種世世代代的傳統是天地間最可寶貴的傳統。縱然從古到今，世界上沒有誰能舉出明確的證據證明鬼、神的存在，但各種宗教信徒對鬼、神的信仰卻常是居之不疑。信仰者自信，不信者自不信，道並行不相悖，這才是理想國。如果說一個民族或者一個國家有優越的地方，信仰自由應該算是一個明顯的選項。

在當下，信仰自由大概是全人類演變的自然趨勢。

機校畢業去看同學

我們這一班於1956年年底從空軍機校畢業，畢業後我被分派到新竹基地服務。因為剛好有幾天年假，我沒有辦法去新單位報到，便利用這幾天假期去東勢山區看望老同學劉本棟。這時本棟已從員林實驗中學的師範科畢業，被派到山區做小學老師。

由於事先沒有辦法把時點確定，我去時照他畫給我的地圖，過了東勢鎮在大甲溪邊一個小站下公車。穿過大甲溪，又爬過兩座小山，終於找到他的學校和老師住的單身宿舍。一位年長的老師看見我走過來，問我是不是來找劉本棟老師？我說正是。他告訴我劉老師下山去了，今天可能不回來，不過有鑰匙留給我，要我住下來等他。

當晚本棟沒有回來。那時山區還未安裝電燈，沒有"光害"，天黑以後，可以看到壯麗的星空。那晚我仰望繁星，禁不住引起一陣鄉愁。我離家已經八年多，來到台灣之後，思鄉的情緒逐漸變得淡薄。滿天的繁星，正是幼時農村的尋常景象，所以讓我勾起了鄉思。從那以後至今數十年，好像都沒有再遇見什麼機會，觀看繁星滿天的夜空。

第二天中午本棟回來，我們自從在黃埔港分別後，已有七年多沒見面。故人重逢，十分喜悅。他留我又住了兩天，直到一月三日各機關都上班了，我才去新竹報到。

往服務單位報到

新竹那時是空軍第二聯隊的基地。我服務的單位是第二修護補給大隊，在修護管制科工作。科長是張鎔中校，一位好好先生。和我一同工作的是一位機校畢業的周姓學長，他是中尉，我們兩人負責管制飛機上的〝定期更換件〞。F-86戰機上的許多零件在飛機飛過一定次數後，就要用新品更換。我們兩人負責登錄、開單的管制工作，工作不難。

聽說周中尉的父親是一名空軍中將，在那時他的家境算是比較優渥。他常常在下午請假去台北參加晚上的私人活動，如歌唱會、跳舞會之類，科長都准他請假，因此大部份工作就落在我一個人身上。因為工作沒有困難，只是工作量大一些，我都是盡力把事情做好。

舊年除夕，張科長請科裡幾個單身同事到他家吃飯，他們準備了豐富的菜餚。這是我離開家鄉以後，吃得最好的一頓年夜飯。

到新竹不久，我曾去湖口看望鄭遵仁和鄭允棠排長。這時鄭排長已升上尉，遵仁的工作和職位則沒有什麼改變。他們一直都住在湖口營區，好多年都沒有遷移過。

飛機失事死傷重

在岡山時，養成了看電影的習慣，到了新竹仍然時常看電影。元宵節的晚上，我和一位同宿舍的室友在新竹街上看完電影，騎自行車回營區的宿舍。該晚新竹地區有濃霧，途中我們遇見很多救護車，在濃霧中呼嘯而過，不知道發生了什麼事。

第二天一早，從宿舍去飛機棚廠上班的途中，看見路旁放了十幾具很簡陋的棺材，我直覺上感到發生大事了。到了辦公室才知道昨晚一架P4Y飛機在機場外面失事，機上十四人，死了十三個，一個受傷。P4Y飛機是當時主要的巡邏戰機，經常出巡邏任務。參看附圖。

後來聽說失事的經過，很令人驚異。元宵節晚上，這架飛機出任

美軍的P4Y飛機

務回來，新竹地區有濃霧，塔台告知要到桃園機場降落。但機上的正駕駛說他們想回家過節，並且表示他已看見跑道，降落沒有問題。塔台只好放行。哪知他說已看見跑道，其實只是機場外農田裡的水影。農田和機場之間還隔著一條馬路，馬路兩旁都是粗可盈抱的高大松樹。P4Y是具有四個大螺旋槳的重型飛機，駕駛發現降落錯誤，根本拉不起來，結果撞到成排的松樹上。四個螺旋槳都因撞擊變成像鐵條受強力繞成的小圓球，機身起火，送掉十三條人命。有一位流亡學校的同學，空軍官校畢業，人非常和善，他常到我們宿舍來和大家聊天，很不幸就在這次事件中喪生。一連多日，我心裡都為他感到悲傷。

西方公司

那時新竹基地有美軍顧問。他們的一個軍曹，可以對我們的中校、上校發號施令，我覺得非常不堪。棚廠後門外放著美國的屠牛士（matador）飛彈。前門外不遠處是跑道，跑道再過去是一片平房，有人告訴我那是"西方公司"。當時我只是一名剛從學校畢業的下層軍官，對基地的狀況全無所知。因此西方公司是做什麼買賣的，我並沒有概念，當然也不會去向別人探詢。

直到多年後，我在中科院上班時，才由一位同事易先生告訴我：那是美國中央情報局屬下的一個機構，負責偵蒐中國大陸的情報。該公司和著名的黑蝙蝠中隊以及成立較晚的黑貓中隊都有密切的關係。現在大家都知道黑蝙蝠中隊就是中華民國空軍的第三十四中隊。該隊利用大型飛機低空飛往大陸各地偵察。因時間較長，參與的成員有四分之三—將近150人—犧牲了性命。在1958年成立的第三十五黑貓中隊，使用U-2高空偵察機飛大陸偵察。時間較短，不過在數年之內，全隊二十幾個人也死了十人。兩隊為美國人效命，犧牲可謂慘烈。

易先生本人曾在黑蝙蝠中隊工作過。他說有一次從泰國北部起飛，往新疆拍攝中共的核子試驗場。飛機在天黑之後出發，採取靠近地面的低空飛行，一路上摸黑穿越中國西南部的大江大河和崇山峻嶺。到達目標地拍照後，在黎明時分才回到泰國。飛機一落地，美國人就把拍攝到的影片連同機器，從飛機上拆卸下來一起帶走。

據說當年美國把偵蒐中國大陸的工作交付給台灣方面的負責人蔣經國，附帶給台灣的好處是某項軍援。我覺得在那個時代，就是不給任何好處，美國人要你做，你敢不做嗎？即使在今日，又如之何？

領到高中畢業證書

在機校雖然學到一些新知識，但我心裡還是想再進大學讀書，這當然不是容易的事。前些時候去東勢曾和劉本棟談起這件事，他說他也想繼續升學。縱使我已拿到機校的畢業證書，但當時機校是一間不曾在教育部備案的軍事學校，所以機校的證書連一張高中文憑的作用都沒有（在1960年以前的軍校學歷，大概都是不被教育部承認的。有的軍校，如招收高中畢業生的海軍官校、機校，即使學程長達四年，畢業後教育部並不曾授予任何學位。教育部承認軍事學校的學歷，好像是民國五十年以後的事）。

某一天下班後，我在閱報室看見報紙上登了一則消息，說軍人可以參加隨營補習教育畢業考。考上高中程度的及格證書，和高中畢業證書有同等功效，得報考國內公私立大專院校。我看到這消息，當然很興奮。最使我高興的是每一次考及格的課目可以保留，以後只考不及格的，直到全部及格，才頒發證書。

我帶了報紙去問承辦單位政戰室。承辦人員說，他也看到報紙了，不過公文還沒下來，他說我如果想參加考試，可以先報名。我當時就報了名。數日後，公文下來，但是距考試的日期只剩十天左右。我把這十天的時間，差不多全投注在我比較不熟悉的生物這門課上。

考試在新竹女中舉行，從上午八點鐘考到下午五點鐘，一天之內把所有的課目考完。想不到我各科都過關。沒多久，就拿到一張隨營教育的畢業證書，算是有了高中畢業的文憑。

想去報考大學

在機校時，我曾看到中央日報上刊登過現役軍人報考普通大專院校的辦法。現在有了文憑，當然想根據那個辦法去考大學，然而我不知道什麼人承辦這項業務。和我同宿舍的有一位楊天民少校，四川人，他是在大陸時期的空軍機校畢業，非常熱心。他說他知道誰在辦這項業務，明天（我們談話是在當天晚上）他會帶我去見承辦人。

　　第二天傍晚楊少校帶我去人事科。這時已過五點鐘，其他人都已下班離開，只剩下一位中校坐在靠窗口的辦公桌前辦公。一進門，楊少校開口說：徐老，我這位學弟想考大學，麻煩你幫他上個公文。然後給我介紹說：這是人事科徐科長，他們這裡辦你的這件事。我向徐科長舉手敬禮。他請我們坐下，談了一會，然後對我說：你機校畢業不就是念過大學了嗎？為什麼還要進大學？其實在空軍做事，機校的學歷已經很夠了。像我自己民國二十七年武漢大學外文系畢業，還不就是這樣。

　　我向他說明我為什麼想進大學，他聽後點點頭說：好吧！你既然對於做學問有興趣，我就為你報上去試試看，不知會不會批准。當我和楊少校要離開時，我把事先準備好的兩包“新樂園”香菸送給徐科長，這是楊少校告訴我要這樣做的。回頭我也送了二包“新樂園”給楊少校，因為他們都是喜歡抽菸的人。

條件不合不准報考

　　公文大約在四月底呈報，到六月初才批覆下來，結果是“不准”，不准的原因是“條件不合”。我收到公文相當失望，天天密集看書準備考大學的工作，也立即鬆弛下來，像洩了氣的皮球一般。

　　我想知道不合的條件是些什麼條件。於是再到人事科找徐科長，請他把國防部的原令找出來讓我看看，以便作為下次努力的依據。我是在上班時間到人事科，徐科長先請我坐下，然後叫一位科員把原令調出來交給我。

　　那是一頁比三十二開還小一些的命令，上面總共不超過一百個字。訂的條件只有短短兩句話：服務年資要滿三年以上，且必須連續三年考績在甲等以上。我看了這條件，頓時感到心灰意冷，大概是沒有希望了。連續服務三年以上，還可以慢慢地熬；連續三年考績在甲等以上，對於一個低階軍官，這幾乎是不可能的事。我把命令上的條件抄下來，失望地離開人事科。

調回岡山服務

自從年初來到新竹，一直都覺得這裡很好，主官對人和善最是難得。我自己全心全力把上級分派給我的工作做好。有這樣的工作環境，可以說心滿意足。本以為能夠在這裡一直工作下去，沒想到中秋節過後，空軍下來一道命令，把我調到岡山第十一修護補給大隊。於是我又回到岡山。

我工作的單位是維護中隊。該隊的主要任務是維護當時空軍官校用來訓練學生的T-6型螺旋槳小飛機。隊長是熊大成中校，副隊長是任宏仁少校。我的專業本來是做飛機維修的機械官，照理說應該做維修飛機的工作。但當時隊上缺少一名補給官，所有具維修專業的人都不願意擔任此職，因為害怕日子久了，機械專業會消失，變成沒有技術的業務人員。當熊隊長詢問我是否願意擔任此職時，由於補給官單獨有一間辦公室，我欣然應諾。於是我變成隊上的補給官，負責材料、工具、設備以至於飛機本身的控管。新工作的型態和在新竹時單純的管制作業完全不同。我的下屬有十幾個人，形成一個工作小組。他們都是老空軍，每個人的年紀都比我大，在工作方面很有經驗，不用我操心。

任副隊長告訴我（我來之前，他是兼任補給官），補給官眼前的一個工作重點，是防止員工把領來的材料拿回家自用。像洗飛機的肥皂粉和飛機用的汽油，員工常會偷帶回家去洗衣服和當燃料。那年頭，軍人待遇菲薄，生活艱困，老實說這種情形是很難完全杜絕的。

一種錯誤的觀念

有一天，我看見我們補給組的三個人圍著一個直徑超過一公尺的大鋁盆，用汽油洗工具，每個人嘴裡叼著一根香菸。這太危險，我立即制止。他們異口同聲對我說：補給官，這個你就不懂啦！用火柴點汽油會燒起來，香菸上的這種"死火"是不會點燃汽油的，你放心吧！

但我不以為然，我知道燃燒的條件不是用他們說的"死火"、"活火"來判定的，我命令他們每人都把菸熄掉。他們熄了菸，還在搖頭，表示不服氣。工作地點在棚廠內，如引起火災，可能會把整個棚廠燒掉，後果不堪設想。但是這批老菸槍，積習難改，工作時不能不抽菸。而這些美國人援助的工具，為防鏽蝕，都是埋在油脂裏。使用前要先用汽油清洗，而且數量很大，全大隊數百人使用的工具都是我們供應的。為了妥協，也為了避免我不在場時他們仍然抽菸，我准他們抽菸，但是清洗的地點必須移到棚廠外遠處的樹蔭下。後來這個辦法好像就變成維護中隊的一條"隊規"。

又見飛機失事

在過年前後，又遇到一架T-6教練機失事，機毀人沒亡，算是不幸中的大幸。那時因怕飛行員駕機叛逃到大陸去（聽說曾發生過這種事），飛機一落地，就要把機上剩餘的燃油抽光，再飛再加油。這種

T-6型教練機

加油抽油的工作就由我們維護中隊負責執行。T-6機上有兩個油箱，都加滿可以飛很遠的距離。為了防止飛到敵人那邊去，每次只在一個油箱加油，第一次加左邊，第二次加右邊，輪流使用。T-6機的外觀見附圖。

那天下午，有一個放單飛的學生，把飛機開上天空。不到兩分鐘，我們在棚廠外都看見他掉頭飛回來。但還沒有到達機場跑道，飛機就跌落在機場盡頭和外面馬路之間的一個凹坑裏，恰巧被嵌在坑中，一動也不動。飛機沒有翻滾，不曾起火，讓那個學生撿回一命。

我們隊上一面向上級報告，一面立即派人開車到失事現場。因為飛機沒有燃燒，人家都鬆了一口氣。由於撞擊力道太強，那個學生滿頭滿臉和座艙罩上都是血。這時候官校校長也帶領相關人員抵達。打開座艙罩，那個受傷的學生講了一句"飛機沒加油"，就昏了過去，眾人立即把他從機艙中拖出送往空軍醫院。熊隊長一聽飛機沒加油，知道我們維護隊闖了大禍，臉都綠了。

飛機失事後，按照標準作業程序，立即由官校校長主持，召集各單位相關人員開檢討會，找出責任歸屬。這次的責任問題好像很簡單，飛機沒加油，加油班長當然要負最大責任，督導的官員也脫不了關係。官校校長厲聲問維護隊為什麼不加油。負責加油的是一位資深班長，姓符，快五十歲了。他從容回答：加過油。這時飛機還在現場，於是大隊人馬又開車回到現場。現場已派衛兵把守，不准閒人接近。

檢視油箱，發現一個油箱的確加得滿滿的。為什麼那個學生說沒加油呢？我們研判的結論是：學生在平日學習過程中可能疏忽了。他雖然已到放單飛的水平，但是還不知道T-6機上有兩個油箱。很不幸的是他平常用到的都是左邊的油箱，而這次加滿的卻是右邊的油箱。

後來好像就拿這個結論結案，不記得有人提出反駁的異議。

忙裡偷閒讀洋書

維護隊的工作十分忙碌，我做補給官，每天都有做不完的事。但只要有空閒，我還是很喜歡看書。我那時看的書，多是大學用的課本。像柴曼斯基（M. Zemansky）的大學物理、彌爾曼和西雷（J. Millman and S.Seely）的電子學、寇恆（A. Cohen）的微分方程以及富蘭克林（P. Franklin）的高等微積分方法，都是在岡山這段時間看的。從進機校時起，我就養成了看英文書的習慣。事實上，那時用中文寫的大學教本不多，即使有也是大陸時期的舊書。

有一次，我看一本群論（Group Theory）。校本部一位長官到隊上來巡視，他拿起我放在辦公桌上的書來，翻了一下，問我為什麼要看這麼枯燥無味的東西。他說他家有很多好看的小說，可以借給我在沒有事的時候消遣。我請他託人帶給我看看，他好像忘記了這件事。

大家都想考留美

在當時，機校和通校畢業的學生有一條出路：考留美。我的同儕之中，有人每天早上和晚上都在念英文，目的就是考留美。

留美一趟，即使只有短短幾個月，也可以賺到大把鈔票。當時一名空軍中尉，每月只有不到二百元台幣的薪餉，約合五元美金。去美國受訓，月薪最少也超過一百美元。所以去美國一個月，抵得上在台灣幹兩年的薪水，因此大家趨之若鶩。

有一回，我也報了名，報名之後要去醫院做健檢。有人說須先送禮給健檢的醫生，不然會找麻煩。我因對留美的興趣不是那麼大，隨興去考，根本沒有認真。果然在檢查時，醫生說我有香港腳。香港腳在當時確是很流行的一種皮膚病，但我並沒有罹患此病。我說我沒有香港腳，醫生說：是我說的算，還是你說的算？送禮才能過關的傳說，似乎不是空穴來風。我當時就因為罹患了"醫生指派的"香港腳，被刷下來。以後便沒有再考過。

在岡山服務期間，一共有五、六位機校畢業的同學在維護隊工作。雖然我們在校不是同班，但因年齡相近且都是單身，所以經常一同騎自行車出遊。岡山西邊到海濱、東邊到大岡山、南方到楠梓和橋頭、北方到路竹，這個大範圍內，我們都曾在晚餐後或假日騎著單車去逛過。

錯過一次機會

調回岡山的次年春天，大概是四、五月間，我去嘉義基地看同學。有人問我說：聽說你要考大學，今年報名了沒有？我說時間還沒到吧？到了我也許會試試。雖然明知條件不合，但我還是時時都想找進學校讀書的機會，像一隻被困在玻璃窗內時時都想找出口往外飛的蜜蜂。他們說今年不一樣，國防部三月就有命令下來，限期呈報，已過去一個多月了，不信你回岡山去問問看。

這類公文（屬於"甲種發行"）會下到我們維護隊。承辦人是一位老士官，姓董，他的辦公室就在我的辦公室隔壁。我回到岡山問他有沒有看到這樣一件公文，他想了一下說有。他以為隊上不可能有人報名，已經歸檔啦。調出公文一看，果然是限三月底以前報出，時間已過去很久了。我當然很懊惱，我告訴董士官下次有相同的公文來，一定要知會我。

老友來訪

這年九月，劉本棟將從東勢山區調到鐵路海線上的龍井小學教書。他在六月裏到岡山來看我。到達時，我正在上班。他一個人從岡山下火車，再乘往彌陀的公車，照我畫給他的地圖，到我住的二高村站下車。因為二高村位在營區之內，門口有警衛，我恐怕他進不來。想不到將近中午休息時間，我騎車回到住處，他正坐在我床上看我放在床頭的一本胡適文存。我問他怎樣進來，他說他和警衛一商量，警衛就放他進來了。

下午我向隊上報備，休假半天，陪他去彌陀和岡山走了一趟。在岡山街上吃過晚飯後，因為我沒有辦法留他住宿，他便乘火車去員林找同學了。他告訴我他已報名參加大學聯考，因為沒有什麼準備，今年想先看看風向。

讀胡適文存

上面提到胡適文存。這是胡適早年在大陸發表的文章的集刊。那些文章有的太過自由派，完全沒有任何禁忌。其中有批評蔣介石的，也有評論孫中山的。政府撤退到台灣之後，以當時的意識形態標準，這些文章是不容許存在了。所以在台灣流傳的胡適文存是遠東圖書公司在刪除不合時宜的部分後重印的版本。我在五十多年前讀過這部書，至今依然印象深刻。

胡適在民國初年留學美國，初學農，後來改念哲學，不過他的學術研究還是侷限在中國的文史。當他還在美國讀書時，他從詩經中找證據解釋詩經中"言"字有三種不同的意義。他撰寫"吾我篇"與"爾汝篇"，分別闡明吾和我與爾和汝在古籍中用法的不同。這時他的年紀不過二十上下，已展現出少年胡適的才氣。

返國後，胡適提倡白話文，廢棄了使用數千年的文言，這是大家都知道的。他也是主張用白話作詩的第一人。這些大事發生的經過，和遭遇到的強烈反對，都可以在文存中看到。

距今約一百年前的中國，內有軍閥混戰，外有強敵環伺，國家積弱，瀕於危亡。那時胡適寫過很多匡救時弊的文章，如：我們對西洋近代文明的態度、信心與反省、我們走那條路以及科學與人生觀的序言等，都是很能發聲振聵的讜論。這是我少年時讀此書的印象。

胡適最專長的學術領域是考據。其他的學術著作姑且不談，下面只拿他對許多古典小說和對佛教的考證兩件事，簡單地說一說。

在小說考證方面，大概很少人超過他的成績。他考證紅樓夢，指出該書是作者曹雪芹"把真事隱去的自敘傳"，開"紅學"研究的先河。破除了自清朝到民初好幾位紅學家的穿鑿附會之說，為愛讀紅樓夢的人理出一個正確的了解方向。胡適對於水滸傳的考證，曾蒐集許多不同的版本，作長文解說該書的故事是從南宋以來經過數百年的演變而成。這些發明對於古典小說的讀者，確有很大的裨益。此外，他考證清朝初年問世的一本大部頭（約百萬字）小說名叫醒世姻緣傳的作者。該書原題作者是“西周生”，這是一個假名，不是作者真實的名字。從茫無頭緒開始，胡適在聊齋誌異裡找證據，從小說的內容和遣詞用語裡找證據，證明這部書的作者就是蒲松齡，和聊齋的作者為同一人。全部考據過程充滿了機智，文長三萬多字，使人讀了不能不佩服胡氏的考據功力。他也曾考證西遊記，為許多重新出版的舊小說寫序言、做引論，都算是對舊小說的研究。

　　胡適研究佛教的思想和歷史演變，但在他論述佛教的許多著作中，好像看不出他對佛教有什麼好感。所以他的研究，只是循歷史的軌跡，去揭開佛教演變的真相而已。

　　佛教據說在西漢時期自印度傳入中國，許多經典（古代的印度人真是一個極端長於編造宗教經典的民族！）陸續被一些碩學高僧譯成中文，像出生在西域龜茲的印度僧人鳩摩羅什就是其中的佼佼者。約在西元四世紀後期，正當佛教要在中國大行其道時，中國就有人開始表示不願全盤接受繁瑣的印度佛教禪法，而提出“頓悟成佛”的簡單概念。其時的印度佛教禪法屬於唯識的繁瑣哲學，後來更演變成被胡適形容為“下流”的密宗（日本叫真言宗）。教徒以秘密的咒符、祈禱和拜神的方式進行宗教活動，是水準很低的迷信。後來，密宗雖然曾有帝后、名僧（包括唐玄奘在內）的大力倡導，但在西元九世紀以後，這個教派還是在中國消聲匿跡。胡適認為中國沒有墮落成為盛行密宗和喇嘛教的國家，是中華民族血管裡的抵抗力發生了效果。

上文提到在西元400年之前，就有人對印度的佛教禪法表示不願接受而提出"頓悟成佛"的簡單概念。其後約在西元470年，有個南印度的和尚菩提達摩從海道來中國，在廣州上岸，然後到北方宣傳佛教。他先教人一種堅忍苦行的禪法，後來又創立了一個宗派名為楞伽宗。這個宗派所主張的禪法和先前的"頓悟成佛論"都與其後創立的中國禪宗之旨相近，所以菩提達摩後來被禪宗尊為（在中國的）"初祖"。

創立中國禪宗的革命運動發生在西元700年前後，由廣東一個不識字的和尚慧能發起。這個時候的佛教已中國化了，完全被禪學所取代。從慧能開始，後來出現了許多禪宗派系。像自承是楞伽宗嫡系的神秀和尚，他的徒子徒孫們就曾和慧能的門徒神會和尚展開過爭法統的鬥爭，使神會多次被貶黜。神秀一派稱為"北宗"，神會則屬於"南宗"。兩派鬥爭的結果，後來還是南宗的神會，因在安史之亂後抓住機會替政府籌募軍餉立功，而得到最後的勝利。神會死後三十多年，被朝廷封為禪宗第七祖。禪宗各派喜歡編造傳法世系，神秀的世系表裡，以菩提達摩為初祖，其餘都是唐代高僧，共有六個人。後來神會編造的世系表在達摩上面又加了很多印度人，共二十八個，這就是所謂二十八祖的由來。

神會，這位爭法統的南宗勝利者，莫名其妙地，竟然被埋沒了一千多年。一千多年之中，沒有人再提他建立新禪學的豐功偉業，直到胡適從敦煌經卷中發現了神會的語錄，還有他著作的、被後世奉為禪宗唯一經典的"六祖壇經"，才使這位偉大的僧人重見天日。胡適為他作傳，把來龍去脈說清楚，這是很能動人的一個歷史故事。

佛教在中國變為禪學，發生於七世紀，八、九兩個世紀是禪學最興盛的時期。到北宋末年，只剩下少數宗派在傳承了。

以上這幾百字寫我讀胡適文存中關於佛教考證的個人心得。胡適寫的白話文清楚明白，最使讀其書的人受惠。

胡適首倡的白話詩，從舊詩、詞蛻化出來。令人驚詫的是：後來新詩經過演變，胡適本人在晚年，還有蘇雪林、梁實秋等文學界的前輩名人，都說過新詩他們看不懂了。新詩的老祖宗看不懂新詩，實在是一件很有趣的事。

喜讀新詩

多年來，我在報紙上或雜誌上常常看到新詩作品。因為多數詩作的篇幅不長，所以我會仔細地閱讀。雖然我能夠完全了解一首新詩的次數不多，但也頗能欣賞部分令人神往的詩句。所以基本上我也算是一個新詩的愛讀者。

我幼年時背誦過詩經（詩經雖有許多詩篇的主題和詩句的意義無法確切了解，但其中也有不少明白易懂的好詩），後來又喜歡上唐宋詩詞、元曲之類的古韻文。這類的韻文，因為有韻，而且句法規律，極便於傳唱，所以在流傳方面，很佔便宜。因此歷來受到知識份子的喜愛。

我喜歡古韻文，早年常在繁忙的工作之餘，吟唱一段，作為紓解工作壓力的方法。後來就成了習慣，閒暇時便拿誦讀詩、詞，或者元人的小令去消磨時光。這個習慣至今沒改。

不過時代一定是向前邁進的。舊詩詞畢竟是舊式的文體，在今天如果還有人提倡寫作舊體韻文，那肯定會被視為在開倒車。所以當今的新詩，絕對應該是現代詩歌文學的主流。這是非常明顯的。

當下許多新詩作品，讓一般普羅大眾不容易看懂，算是新詩普及的一個罩門。作詩雖不一定必使"老嫗能解"，但作品僅限於對新詩有研究者才能彼此欣賞、讚嘆，曲高和寡，難道說這樣才算是最有價值的文學嗎？任何文學作品，要想擴大其讀者群，必先使其閱讀者看得懂，不但看得懂，還要讓他們感動，讓他們愛不釋手，才有機會。但在目前，除非有人能寫出大家都看得懂的新詩，恐怕現況只能繼續下去。

王鼎鈞先生在聯合報副刊上發表文章，說：找個地方聽人講怎樣寫詩容易，找人談怎樣讀詩困難。長此以往，寫詩的人恐怕會比讀詩的人還多，云云（大意為此）。這樣下去，再多的詩集問世，再多的傳世之作出版，影響一定仍是非常有限。

當然一個學門不見得能廣邀參與的群眾，才算高格。但在傳承新詩文化的過程中，詩歌好像應該有眾多的愛好者，不應該把具有中等文化水平的知識階層排除在新詩的讀者群之外才是。不知這樣說對否？

差一分被開除

因為我心心念念想進大學，而報考大學必須連續三年考績甲等，所以我非常關心我的考績等第。那時考績評定都在會計年度年終、即六月底之前完成。大約在八、九月的某一天，我找我們隊上幾位年輕同學去官校校本部人事單位查詢。承辦人是一位心直口快的少校，他說你們不要查啦，我告訴你們，你們每人都是六十三分，丙等，六十二分就要開除，你們只比開除的分數多一分。我聽到這個分數差點昏了過去。少校說有問題去問你們隊長、副隊長，分數不是我們這裡打的。

我們都很洩氣，辛辛苦苦幹了一年，只差一分沒被開除。我們當然要找負責打分數的任宏任副隊長問個究竟。他大概自知理虧，和顏悅色地對我們說：各位有所不知，我來告訴你們，今年隊上有四個人升少校，你們的分數都支援這四個人了。你們不會吃虧的，將來輪到你們升少校時，也會從別人身上拿分數來支援你們。升少校要報到上級去排比，考績分數越高，越容易過關，所以就委屈你們幾位了。

我問為什麼可以壓低我們的考績去提升他們的考績。任說董士官會解釋給你們聽，他揮一揮手要我們去找董士官。董說全隊軍官每個人都分配80分，總分數由主官運用，某些人的分數高，其他人就必須低，結果就是這麼來的。聽了這種惡劣的考績評定方式，真是欲哭無淚。如果這叫做考績，那考績制度根本可以取消了。但當時他們就是這樣幹的，我們有什麼辦法呢？要連續三年考績甲等才能考大學，這件事恐怕是永遠沒有希望了！

記劉祥云上尉

二高村是岡山機場西邊的一個村落。村子東面和機場相連，其他三面有高高的圍牆，西面的大門口有警衛，門外是通往彌陀街上的馬路。這裡早年好像是日本人的軍營。村中有六、七棟東西走向的平房，每棟都很長，可以住很多戶人家。裡面住的大都是空軍士官的眷屬。空軍因為有運輸機，所以很多人全家都撤退到台灣，這是其他軍種難以辦到的。

我住的地方是進了營門路右邊第一棟平房的東端。同住的有五、六人，多數都是機校的前後期同學。只有一位劉祥云上尉，年紀已超過五十。劉上尉說他是雲南講武堂出身，和時任岡山空軍訓練司令李懷民中將是同班同學。同是講武堂畢業,為什麼一個升到中將,一個還是上尉,這其中必有原因。所以我很喜歡和劉上尉聊天,聽他講述他自己有趣的過往。

劉上尉是一個很隨和的人,信仰佛教。他的床位靠窗,常在窗台點一柱香,閉目沉思。那時幾乎每人都有一架收音機,他也有一架,大家最愛收聽的節目是流行歌曲。有一天晚上他的收音機裡播報說:下一首請聽"河上相思"。劉上尉一聽,不禁冒火,連忙把收音機關掉,嘴裡還說:人家已是出家人了,還有什麼相思。原來他把河上相思誤為和尚相思了,由此可見他對佛教的虔誠。

劉上尉對我說:他這一生賺了很多錢,都沒能保住。早年他和李懷民等人一同從雲南的部隊歸順中央,在四川服務。那時待遇好,他賺了錢在四川買了數百畝果園。抗戰勝利後,他被派往徐州工作。果園以賤價出售,只賣了五千多銀元,他把銀元換成當時才流通不久的關金券。到了徐州他將關金放在一家商號裡生息。利率是很高,但關金貶值太快,不到半年就開始虧損。商號的經理是一個難得的好人。還沒到期,他就連本帶利提早還給了劉上尉,還勸他趕快處理,以免繼續損失。

不久之後,劉上尉調到江西,再轉來岡山,他又把所有的錢借給岡山街上的一名菜販孳息。起初按月付息,後來這名菜販舉家遷往台東,已經數年沒有音訊了。他想到台東去找,人生地不熟,有點害怕。住在宿舍裡的同事,都勸他不要去,以免危險。

劉上尉不幸生在戰亂的年代。他在空軍工作了一生,也賺過一些錢,到了老年,卻變得一無所有。

我記得在我離開岡山之前幾個月,他已退伍,只拿到數千元退伍金,仍然住在二高村裡。他利用兩棵相距數公尺的松樹當支柱,在兩樹之間以竹竿做成梁架，上面鋪一張油布做屋頂，他一個人就住在裡面。每天三餐去公家餐廳購買。真是非常可憐。所以他退伍後的生活，一定過得很不快樂。

許多人不願退伍

我在岡山時，政府招兵還是不容易。因為兵源有限，而且待遇太差，大家都不願意當兵。有一回陸軍官校招生，招了幾百人，準備由蔣介石主持開訓，結果報到的很少，讓蔣大為光火。

但在另一方面，大陸來的軍人有許多已很老了，他們不能不被迫退伍。像前面提到的在維護隊負責加油抽油的符班長就是要退的一個。但他反應很激烈，不願意離開。當然劉上尉也有過同樣的問題。以他上尉的官階，四十出頭就是法定退休的年齡，他已一延再延，延過許多次了。最後還是不能不從他待了多年的空軍退下來。

那時還沒有設置榮民之家和發放月退俸的制度。離開軍隊，只能拿到極少退伍金，生活頓時成為問題，所以很多老兵都是超齡服役。

獲准報考大學

日子在忙碌中一天天地過去。我對於努力工作只拿到丙等的考績，雖然不滿意，但也無可如何。1959年三月中旬的某一天，承辦人事的董士官來敲我辦公室的門，他把該年報考大學的公文交給了我。我看內容，原來投考的條件一毫沒變，當然感到沮喪。但進大學是我當時心心念念的一個願望，一有機會，我內心就十分嚮往。

按理，條件不合的人是不會被承辦人接受向上級呈報的。在新竹時，是靠楊天民少校替我說情，人事科才為我報上去。說起來好像是天意，由於我和大隊部承辦進修業務的人事官林清水中尉頗有交情，他很願意幫助我。

原本我住在二高村的臨時軍官宿舍，那時只有幾個人同住。後來因為有預官退伍，官校校本部的軍官宿舍有了空位，我們便搬到那裡去。那是一棟日本時代建造的三層大樓，可以容納數百人，全官校的軍官都住在裏面。按照數學計算，兩個人相鄰的機率太小了。若兩百人同住，機率只有百分之一。可就那麼巧，我恰好和林人事官鄰床。我們處得很熟，每天晚餐後，一同去散步，時間久了，談話便無拘束。當我對他說起想申請報考大學的事，他說這又不犯法，即使違規，也一定會為我呈報。對於朋友的真誠相助，我內心當然滿懷感激。

那次第十一修護補給大隊只有我一人報考。先呈報到官校，再轉訓練司令部，再轉空軍總部，最後到國防部核批。公文在三月底報出去，我因自忖沒有什麼希望，也就沒有把這件事放在心上。

五、六月是我們補給工作最忙的月份。因為全官校整年度所需的料件、器材和裝備，都要在六月底之前向美軍南太平洋司令部提出申請。資料照規定要在七月一日之前備妥，所以這兩個月我每天晚上都要陪著同仁加班。接近六月中旬，國防部的命令才下來。完全出乎意料之外，我的名字也在獲准報考大學的名單之內。

倉促準備考試

一時非常興奮，但距考試不到三個星期了。我這兩年都沒有再碰過高中課本，三個星期能準備些什麼呢？何況七、八大本的英文裝備申請表正堆在案頭等我審查。情急之餘，我曾試圖夜晚不睡覺準備功課，結果完全不行。夜晚看書固然沒有效率，同時也弄得白天瞌睡連連，我試一次就放棄，顯然此路不通。

因為走投無路，我只好把一些物理、數學的公式當作溫習的重點，化學要記的東西太多，差不多瀕臨放棄的困境。即使如此，我在隊上還必須裝作若無其事，像平常一樣地工作。晚上還是要帶同仁加班到十一點多，然後開拖車（一種拖飛機的小車）穿越跑道（因夜晚沒有飛機起降）返回宿舍就寢。

我在軍官宿舍裡認識了好幾位預備軍官，其中有蘇賜川、張炳南、陳博志等人，他們都是台大畢業的。他們替我出主意，告訴我怎樣應考。我記得考試是在七月二、三兩日舉行。考試的前一天傍晚，當我向隊上請假時，任副隊長以我辦的裝備申請表還沒完成，不准請假，要我完工後再去考試。

完工之後還考什麼試，我知道這是他在緊要關頭，故意戲弄我一下。我拍胸脯向他保證，考完之後立即回來趕工，準時完成。他說：孫又予，我信任你！然後在我的簽呈上寫下一個"可"字。

晚上我在台南還沒有地方住，蘇賜川答應替我找地方。我從二高村那邊的維護隊下班後，匆匆趕到官校大門口，去和蘇賜川會合，他已等我很久了。我們在岡山上火車時，天已暗下來。

那時蘇賜川正要和他的女朋友結婚。他們在台南車站前中山路的一個巷子裏租了一間房子。他們住裡間，我就睡在外間的一張竹床上。當晚睡了一覺。將近十一點，他們的一位朋友來訪，帶了兩個鳳梨。於是又起來吃鳳梨，折騰了快二個小時才就寢。因連日勞累，第二天早上將近八點鐘我才睡醒，差一點沒趕上考試。起床之後，叫了輛三輪車直奔成大。當我找到排在土木館的考試座位時，距鈴聲響起已經沒有幾分鐘了。

考得很爛

這次考試因為沒有準備,是我平生最失敗的一次考試。之前,三民主義都考是非、選擇題,這次是四題申論題,我一題都不會。害得我因為緊張手臂出汗,把試卷都弄濕了。我停了幾分鐘穩定情緒,然後按四個題目,寫了四篇似是而非的短文。好像只拿到四、五十分。國文本來應該是我拿手的課目,但考題是針對高中畢業生設計的,不合標準答案一分沒有。例如題目是:"肉食者鄙"的肉食者三字何義?標準答案是"官吏",你答有權有勢的人就得零分。我的國文主要靠一篇題目為"學問為濟世之本"的作文,拿了幾十分。第二天最後一堂考化學,我考得最糟。考完之後,腦筋一片空白。我隨著人潮走到火車站,是怎麼走過去的,我好像沒有一點知覺。

考完之後,自知無望,難過也沒有用了。當晚回到岡山,我向任副隊長報到。他說你快來吧!這幾天我們都要累死啦!

僥倖上榜

聯招在七月底放榜。放榜那天,恰巧颱風過境,沒有上班。早上八點多我去閱報室還沒看見報紙送來。我就回到房間,躺在床上休息。住在同一層樓和我比較熟悉的人,知道我這個"老童生"報考大學,免不了有點好奇,想看看我是否考上了。果然,到中午時分,政戰部的人先拿到送來的報紙,和我鄰房間住的一位黃姓政戰官過來對我說:孫又予,恭喜你考取成大物理系。我拿起報紙,看見自己的名字,心裏頓時高興起來。想不到考那麼爛也上榜了。

那時候台灣只有台大、成大、師大、政大等幾所大學，其他都是學院或專科，而且多為私立。招生是大學和專科聯合舉辦，錄取的總人數大概是六千上下。錄取率據說在百分之三十左右，不像目前考大學那麼容易。稍後我從榜單上看見本棟也考取了師大國文系，我們同年進大學，其樂何如！我立即寫信給他，隔了一天，我也收到他寫給我的信。

離情依依

我從前年秋天調來岡山，到今年九月離開。在岡山工作兩年，認識了很多朋友。兩年之中，生活規律，工作愉快，沒有什麼壓力。雖然考績不佳，但並非只有我一人如此。熊隊長對大家都不錯。過舊年時，他請全隊官員到他家吃飯。當時一個軍官收入有限，但他慷慨好禮，令人難忘。

和隊上同仁也相處融洽，如今離開這裡，還真有點離情依依。前面提到的三位預官，在這裡我要再說一句：蘇賜川婚後在他家附近的台南市安南區公所工作，服務桑梓。張炳南大概是進入外交部做了外交官。陳博志後來則變成台灣財經界的名人。

沒有我想像的嚴格

至於我不合部令報考大學的條件，國防部為什麼會批准，這好像是一道永遠不可能知悉真相的謎。實際的狀況又是怎樣呢？實際的狀況是：國防部對於各單位呈報上來的名單全都照准。大概當時的承辦人認為三軍中每年有十個八個人報考民間大學，是一件很平常的事，他根本就沒有逐一審查。我進大學之後，和軍中來的同學談起，幾乎沒有遇到哪一位說他完全符合三年考績甲等的規定。

那我在新竹時為什麼沒有過關呢？這是有原因的。徐科長為我把公文送到聯隊部轉空總再上呈國防部，我因為沉不住氣，公文送上去沒幾天，就請一位常去空總辦事的同仁到承辦人那裡打聽消息。大概他無心地說出我是機校剛畢業不久，結果被空總的承辦人刷了下來，根本沒有報到國防部去。這都怪我自己，當時聽其自然不去打聽，也許就過關了。到頭來自壞教門，實在非常可惜。

輕鬆讀完大學

大學四年，我是輕鬆愉快的。輕鬆愉快的原因，並不是我有什麼特殊的本領，而是很多課程我都預先念過了。念過了再念一遍，當然輕鬆。

大學一年級時，我在英文課本裡看到美國黑人教育家布克·華盛頓（Booker T. Washington）寫的一篇 "為受教育而奮鬥" 的文章。他寫他替一位女校長打掃清潔，把每一個角落都擦洗得乾乾淨淨，做到無微不至。最後得到女校長的接納，達到受教育的目的。我看完之後，覺得我自己為受教育而奮鬥的難度恐怕比華盛頓先生要高得多了。事實上，我後來進研究所還有續集。

幾位老師的素描

教我們三民主義的是陳鎮惡教授。他在教室上課，聲震屋瓦，連校外馬路上的行人都聽得見。陳教授是一位絕對的愛國主義者。每每講到民族受辱、漢奸賣國和人才外流（留學生一去不返），他都激動得淚流滿面。他認為只有學位沒有學問是不足取的，常舉愛迪生、王雲五為例，說他們沒有學位，但是有學問。反過來講，很多有學位的人，什麼都不懂。語重心長，希望大家潛心向學。

郭德菱老師教微積分，教得很慢。她的原則是希望班上學得最慢的同學都能跟得上。她認為教得太快，多數人都沒搞清楚，只趕進度，沒有什麼意義。她早年留學德國，是一位實事求是的數學家。

普通物理由物理系主任張桐生教授主講，二百多人集中在一間小禮堂上課。課本採用柴曼斯基的書，該書由張主任自己譯成中文出版，在當時頗為暢銷。普通化學由化學系主任李立聰教授主講。李教授是留德的化學博士，她對人非常和善，快六十歲了，還是單身。

物理和化學兩門課，都採大班制集中上課，師生之間難有互動，似乎不是很有效率的教學方式。

教我們國文的是趙璧光教授。趙教授於講授古文之外，也鼓勵大家作白話文，她會批改，然後發還給同學，要同學交換傳觀，相互批評。

有一天在國文課堂上，我和劉聰亮同學坐在一塊兒。他從台南一中畢業，是一位倜儻才子型的人物。我看了他的作文，寫了兩句批評的話交給他。他看了我的作文，沒有批評。但是見我批評他，心中不服，提筆寫下："小人多評語，我獨無"。我也不甘示弱，立即還他："小人欲評我，無懈可擊"。聰亮看了，禁不住哈哈大笑，不僅引起全班側目，連正在寫黑板的趙教授，也嚇了一跳，回過頭來說了一句：不用那麼高興。

在班上我和聰亮很相得，常在一起有說不完的話。他曾請我去他家裡玩，他家住在台南市大同路。他力勸我第二年重考台大，要替我

109

出錢報名。我說我耽誤太多時間,已經很老了,不想再重考。他自己第二年重考到台大數學系。畢業後在台南辦補習班,還曾請我去幫他上過課。

我進大學時全台大專聯招才開始不久,選學校比較隨便。那時成大理學院剛成立,沒有台大的基礎好,工學院則差異不大。我轉進電機系之後,班上有王守田等幾位同學的成績都超過台大電機系的錄取門檻,但他們因為家住南部,便選擇進成大。後來年年聯考,媒體上年年報導,選校變成風氣,能進台大的人就很少進成大了。

轉到電機系

因為功課都熟,我在物理系第一年的成績很好,兩學期都是全班最高分。我讀書向來不在乎名次,但是這回名次很重要,因為我想轉念電機。由於電機系是熱門,理學院和工學院有太多人都想轉念電機。但是電機系能容納的名額有限,系主任周肇西教授規定必須各系第一名才可申請。我剛好符合這個條件,結果轉系成功。

大學四年,是我的美好時光,功課不難,經濟充裕。為什麼經濟充裕呢?第一、我有軍職薪水可領,且不須交學費。第二、書籍文具公家有補助。第三、最重要的是我每年都拿獎學金。有一次我得到嚴裕棠獎學金,總共2400元。當時台幣最大面值是10元鈔票,領到錢後口袋裝得鼓鼓的。我那時沒有存款的觀念,同學告訴我可以存在郵局。我在校內郵局開了戶,把錢存在裡面。需要時去提領,提多提少自由決定,確是方便。

寄回一封家書

　　我進大學時，離家已超過十年。可是兩岸的鬥爭仍然方興未艾，仇恨極深。在軍中要和大陸通信，是想都不敢想的事。你只要提出此類話題，就會被視為大逆不道，通敵叛國，一定會闖下大禍。所以那時在軍中雖有很多人思念家鄉，但都只能藏在心底，不可能寄信回家。

　　我進了大學，身邊不再有注視我的人。而同學中恰巧有幾位僑生，其中一位姓何，從香港來。因為他常和我討論功課，我們頗有交情。放寒暑假他都會回香港，我就寫了一封信託他帶到香港付郵。我寫這封信的目的是想讓我的父母知道我還活在人間，但是我不敢寫我在台灣。因為發信地點是香港，我就假冒我在商船上工作，一年到頭，遨遊世界各地。我說我身體健壯，請勿掛念。下次船到上海或青島時，很想請假回家來看看。但因船在港口停泊時間有限，不知能如願否。這樣一封輕描淡寫的信，應該不會為家人惹禍。

　　許多年後，兩岸通信，我才知道當年寫的那封信為家人帶去無比的歡欣，解除了他們多年的懸念。雖然也引起一些小小的麻煩，那就微不足道了。

出國熱潮

　　在我念大學時期，正逢出國的狂熱風潮。那時候念大學，特別是理工科系，不是為了在台灣找工作，而是為了去美國留學。去美國留學，幾乎是那時年輕人的唯一出路。這也難怪，當時在台灣做個老師或公務員每月薪水只有幾塊美金。而去美國若能念個碩士，然後找到工作，每月薪水至少都有數百美元。只要有可能，誰會放棄這個誘惑呢？我在電機系，全班約有四十人。畢業後，服完兵役，差不多有超過百分之九十的人都去了美利堅合眾國。去不成的只有像我這種身分特殊或者由於家庭因素不能離開的很少數人。

到美國唸完書，多數人都是先找工作，接下來便安家落戶，有的終生為美國人服務。數年前，有一位大學同學，自美回台探望病重的父親。他說數十年來他在美國做的是飛彈導引方面的研發工作，屬於最高機密等級，言之頗為自豪。從這位昔日同窗好友的言談中，已感受不到他些微的"故國情懷"，他已全然是一個忠誠的美國人。現實就是這樣。

前面曾提到當年教我們三民主義的陳鎮惡教授，對於人才外流，非常痛心疾首。但是一位老教授的愛國赤誠，對於一心嚮往美國的熱血青年，怎麼可能會發生影響呢？

那時候，政府在師資缺乏、經費短絀的情況下辦高等教育，等於是白白地為外國人培植實力。這有點像貧戶在出資援助富豪。數年後，當政府要成立中山科學研究院發展國防科技時，才發現科技人手的尋找很不容易，因為在這方面國內幾乎沒有什麼儲備。

遵仁出國學習

我大學三年級時，台灣成立飛彈營。我的老同學鄭遵仁因此有機會出國去學習相關技術，在美國德州受訓半年多。回國途中，他還為我買了一架照相機。我在新竹基地服務時，曾去湖口看望他，那次分別後，一轉眼又過去五、六年。

好像在我大學畢業前後，當年在澎湖那批被迫從軍的流亡學生，經過多次慘烈的抗爭（當時媒體都未曾報導），終於得到復學的機會。政府特別為他們在花蓮等地成立特師班。受半年的特別師資訓練，然後分發到全台各地做小學老師。恢復平民身分，重回社會。

然而遵仁就沒有這個機會。他也曾提出申請復學，但被打了回票。理由為：他早年在黃埔港是＂自願從軍＂，和澎湖的入伍狀況不同。可憐我這位老同學一直幹到限齡，以士官身分退伍。我在前面說過，遵仁在黃埔港離開流亡學校，自願追隨他的族祖父鄭允棠先生，是一個錯誤的決定。

記劉一三先生

升上大學四年級時，我分配到一間二人同住的宿舍。住進去之後，認識了一位住在隔壁的同學，名叫劉一三。他也是以軍人身份在讀書，我們情況相同，一見面就相談甚歡。他為人坦誠而直爽，講自己的故事給我聽，毫不隱瞞。他說他原來的名字叫劉移山，因為西洋人認為十三不吉利，他就反向操作，故意改名為劉一三。他在成大商學院念了不少年，必須畢業了，否則將被勒令退學。為此他對學校很不滿意。當時他已四十多歲，是個老學生。

來台灣之前，他說他做過上校團長，也曾在四川大學念過二年化工。來到台灣他向教育部申請復學，教育部把他安插在台大化工系。他說他患關節炎，北部氣候潮濕，他才要求改讀成大。在成大化工系念了幾年，感覺對化工越來越沒有興趣，又轉到商學院的工商管理學系。他向國防部要求恢復上校軍階，國防部以無案可查拒絕他的請求，只給了他一個陸軍中校。他不滿意，一再跑去爭取，結果仍沒成功。和承辦人吵架。他說他威脅承辦人，表明自己是學化工的，知道哪種炸藥最厲害。他要帶炸藥來，為國除害。講得非常有趣。大概承辦人覺得他是一個"老頑童"，出言無狀，因此並不曾和他認真計較。

劉一三不穿皮鞋或球鞋，穿平底布鞋，對襟布扣漢服，夏天手持蒲扇。不像學生，倒像個教授。成大女生不多，他花時間為她們編了一本"群芳譜"，把每個女生的名字嵌在一首七言絕句詩中。曾送給我一本。他因睡眠鼾聲大，一人住一間宿舍（原為二人）。床下放滿很多瓶自己泡的藥酒，說是用來治病。

在成大念那麼久，他坦承是喜歡大學校園無拘無束的生活，不願畢業離校。我們同年離校後，他好像被派到北部一所軍事學校教書，以後就沒有機會再聯絡。

1972年我從美國回來不久，看見一個小報上登載他過世的消息。這樣一位風趣、瀟灑而又自持品味的人，死得這麼早，真令人惋惜。

不准念研究所

我大學畢業時，台灣已有不少學校成立了研究所。其中交通大學和清華大學都是專辦研究所，那時這兩所學校還沒有成立大學部。我最想進的當然是交大電子研究所。這一次我是有備而來，在四年級時就準備相關課程，果然我以很出色成績一考中的。

這一年空軍有五個人考取研究所。其中魏元勳考進台大物理研究所，他考試的時間較早，考取之後便向國防部備案，國防部也給予核准。另有王明建、陳清文分別考取清華的物理研究所和台大的數學研究所。還有從成大土木系畢業的謝麟考取成大土木研究所。當我們四個人呈報國防部備案時,國防部不准。我們不知道為什麼不准,厚此薄彼,顯然極不合理,於是四人據理去力爭。爭也沒有用,那時候國防部可能是恰巧更換了承辦人,或有別種原因,最後我們還是無功而返。

謝麟有一位親戚認識一位山東籍的國大代表汪聖農先生,我們去找汪代表幫忙。他非常熱心,也認為此事不該有問題。但他自己和國防部沒有什麼關係,他就為我們找了立法院國防委員會的召集人臧元駿委員。臧委員也覺得完全相同的狀況,有人核准,有人不准,實在說不過去。他代表我們去找當時的國防部人事行政局長宋達,也就是宋楚瑜的父親。宋達回了他一份公函,洋洋灑灑講了一大堆,結果還是不准。後來臧委員把這份公函的原件轉給我們看,我們知道他已盡力,也就到此為止。

南北奔波

今年不准,明年也不會有希望。但是我們也不願放棄已考取的學籍,唯一的辦法是一面在空軍上班,一面抽出時間到研究所念書。既然國防部不准進研究所,空軍便下令讓我們去服務單位報到。

我被派到岡山空軍通信電子學校基本學科組,組長是萬國厚上校。他對國防部厚此薄彼的做法,也覺得不可思議。他同意把我教的三門課(基本電學、電磁測量和電機械)集中排在星期一、二、三,剩下四、五、六讓我去交大上課。我在交大只能選這三天的課,但這三天的課實在湊不足學分,結果我選了二門不能上課的課。一門是李德昌講師的交換電路。他是交大前期學長,知道我的困難,特別給我通融。另一門是台大丁觀海教授(丁肇中的父親)開的高等應用數

115

學。丁教授從來不點名，我選了他的課，卻沒去上過。不過這兩門課我都要參加期中、期末考。

我準備了兩輛腳踏車，分別寄放在新竹和岡山車站旁的寄放店裏。下了火車，可以騎腳踏車到兩邊的學校上課。就這樣我每個星期乘火車南北奔波了一年多。在火車上，我常遇到韓光渭、朱耀衣兩位教授。他們家住南部，都到北部的大學兼課。

政府改變了政策

1964年，中國大陸試爆第一顆原子彈，引起了蔣介石的恐慌。他下令台灣也要發展國防科技，凡是考取理工研究所的軍人，立即入學就讀。這雖然有點像臨渴掘井，但總算有了一個好的開始。我們幾個私自念研究所的人，立刻得到大解放。蔣經國在台北請我們吃飯，還要發書籍文具費。我們好像一下子從違規人員變為"國之干城"。世上的許多事變化快速，有時真教人難以捉摸。

我本來應當在1965年從交大電子研究所畢業。現在既然核准可以就讀了，而且我的論文還沒有完成，就決定延後一年畢業。因為課程學分已修完，只剩下論文，所以我的時間比較充裕。這時有同學在附近的私立光復中學做兼任老師，他們也介紹我去教兩班高三學生的物理。我太太當時是該校正式的教員，我們在這裡認識，一年後在台北市青島東路的婦女之家結婚。

第五篇　留美方知世道險

我有機會赴美留學，是一件很幸運的事。但很不幸的是我遇到一個很不好的指導教授，害我差一點沒拿到博士學位。有時真會覺得人生如夢，人生如戲。我們活在社會人群中，好像什麼事都會發生的。

積極培訓人才

自從1964年十月中國大陸首次原子彈試爆之後，在台灣一夕間就開始把發展國防科技當作頭號大事來辦。好像就在這一年年底，開始從軍中招考合格的人然後送到美國去培訓。因為在這之前軍中沒有特別重視科技人員的儲備（一年多以前不讓我們幾個考取研究所的人入學，就是最明顯的例子），所以報名的人不多。

那次到場參加考試的，總共還不到二十個人，考試地點在新生南路的陸軍理工學院。承辦人是國防部的一位參謀名叫劉友仁，海軍官校出身，人很隨和。考完之後，我們向他打聽成績，他毫不隱瞞都告訴我們。那次考第一名的是蕭啟晃，他是陸軍理工學院畢業，正在交大念研究所，和我同班。我也僥倖上榜。總共錄取不到十個人。

考取的人，其後被劉友仁先生安排到台北市徐州路的語言中心（現在的台大護理學院）學習英語，結業後，即可準備出國留學。但是承辦人劉先生對我說：空軍送給他的資料顯示我的政治考核沒過關，不准出國。所以我這次的考試和英語訓練，全部都是白忙一場。他說他也愛莫能助。好在這時我已決定從交大延後一年畢業，所以仍然留在學校就讀。

這時候，中山科學研究院籌備處已經成立，地址就在龍潭石管局旁邊，原來建水壩時美國工程人員和眷屬居住的舊址上。這個小社區後來取名"石園"。我雖然還沒有畢業，但已被"預約"畢業後到中科院籌備處的電子所雷射組服務，和原來同班現已畢業的蘇鴻綎在一起。雷射組當時只有蘇一個人，我也常抽時間過去了解狀況。

到了年底，蘇鴻綎去美國留學，雷射組裡等於一個人都沒有了。那段時間有事根本找不到人做。我在前一篇中說過，台灣理工科的大學畢業生，差不多全出國了，所以當時很不容易從民間招募到年輕的科技人員。

都想進中科院

這種現象便利了軍中很多人，特別是那些和科技沾上邊而又有點門路的，許多都進了中科院。在那段時間裏，中科院內的成員幾乎全都是軍職人員。大家為什麼想進中科院呢？一個原因是待遇高，另外一個原因是升級容易。當時一個上尉的月薪只有台幣數百元。進了中科院，如果有軍校正科畢業的資格，可以取得助理研究員以上的職位。助理研究員的科技加給，每月高達3,200元，比當時一個部長的月薪都無遜色。有這樣的誘因，誰不願意進中科院？所謂升級容易，當時中科院的軍官，升到上校好像沒有什麼限制。我所認識的軍職同僚，每個人都是以上校階級退伍。然而在部隊裏，上校編制的職缺很少，只有極少數人能升到上校這個階級。

人才不易尋覓

　　中科院籌備處的主任是唐君鉑陸軍中將，兩位副主任是海軍的夏新將軍和空軍的唐勛治將軍。初始當然以網羅人才為第一要務。當時好不容易有吳大猷從加拿大回到台灣，政府對他的寄望自然很殷切。希望他能幫助台灣發展和大陸對抗的武器，就像錢學森、錢三強等人幫助大陸做出飛彈和原子彈那樣。但吳純粹是一個讀物理的書生，他對於發展武器方面是外行，而且也沒有興趣。所以當唐主任銜命向吳透露做原子彈的意向時，吳大概是一口回絕了他，而且有過不愉快的爭執。為什麼這樣說呢？因為有一次吳在清大演講相對論，我去聽講。開講之前，他對坐在台下要聽講的人說：中科院來的請舉手，結果舉手的只有兩三個人。於是吳對中科院和負責人大肆抨擊，批評得一無是處。在場的許多人大概都不知道吳為什麼要批評中科院，我自己也覺得茫然。但那時候有一位海外學人願回台灣效勞，已經是不容易的事。所以後來政府就請吳負責科學發展指導委員會，一直到他於2000年往生，好像都沒有去過中科院。

塗去不良紀錄

　　那時因政治考核不及格而不准出國的人，並不只我一人。很多人幾乎都有相似的問題。但那時政府急於想派一批人出國受訓，回來發展國防武器。由於合格送出國受訓的人實在難尋，於是就由籌備處的三軍負責人分別就自己的軍種所屬有問題的人員中再做檢討，看看他們的紀錄是不是嚴重到必須管制出境。

唐勘治負責空軍部份。他發現我們被記錄的都是些雞毛蒜皮小事，諸如：此人天天看外國書，思想有問題。或者是：該員常在政治課時間請假，蓄意規避思想訓練。我們每個人都可能背負許多條類似的罪名，這實在是一些莫須有的指控。但因當事人沒有機會辯解，這些指控都被坐實成為不良紀錄，成為出國查核時的負面資料。唐將軍把我們好幾個人的罪名都在記錄簿上劃掉，然後簽名蓋章，表示他負全責。就這樣我們幾個原來因為紀錄不良而被管制出國的人才得到"除罪化"，可以出國了。

那時候只有一個人因為和有關單位的承辦人員起過嚴重的衝突，繼續被管制出境。後來這位先生在國內清大修到博士學位。

可以出國了

前面說過，我在大學時，曾見很多同學準備出國。他們在升上四年級之後不久，就寫信向美國多家大學索取大學概況手冊（catalogue），然後依據自己的實力（成績），提出申請，最後選擇自己要去念的學校。我因自忖不可能有出國留學的機會，所以從來想都不曾想過這方面的問題。

現在機會來了，我也要申請學校了。大約在1968年春天，美國密蘇里州聖路易市的華盛頓大學電機系系主任張慎四教授來台灣訪問。他是清朝末年南通狀元張謇的嫡孫。早年去美國留學，學成後便留在美國教書。他到中科院那天，我們請他吃午飯，餐桌上談起院裏正要送人出國進修。他歡迎主修電機電子學科的到他們系上來。就這樣我沒做任何申請，便被接納去華大念書。

　　由於我從來沒有想過會出國留學，所以對選擇去美國哪一學校這件事幾乎沒有放在心上。倉促決定去華盛頓大學，雖然省事，後來卻有想不到的麻煩。這在本篇稍後會談到。

進華盛頓大學

　　當時出國進修必須先考托福（TOEFL）。我剛好趕上那年秋季到美國入學的一次考試，成績還考得頗佳，完全符合該校要求的標準。就在1968年八月底我辭別妻兒（這時我們已有一個男孩，太太又懷了第二胎），進華盛頓大學讀書。

　　在我去美國之前，已出差去過日本兩次。在日本我到過的地方有大阪、京都、東京和仙台等地。日本是二次大戰的戰敗國，但我在各地所見日本繁榮復興的景象，在各方面都遠遠超過當時的台灣。現在來到美國，美國國內自從南北戰爭結束（1865）後，已逾百年，沒有戰爭，社會繁榮，人民安居樂業，這才是理想的人世生活。看看人家，想想自己，內心深處真有一種無以言說的感慨。

　　我初到美國時，住在學校附近的坡心街（Pershing Ave.）。同住的有中科院派去唸碩士的柯頓先生，成大物理系來美進修的冉長壽先生，還有一位從香港來美國念書的許國樞先生。我們四人合租一間公寓，輪流煮飯、做菜。那時美國物價便宜，我一個月的公費是二百多美元。房租一百美元，四個人平均分擔。多餘的錢還可寄回台灣補助家用。

先到市區觀光

　　來到美國的第一個星期六，幾位室友陪我一同往聖路易市區觀光。那時候市區十幾層以上的高樓不多，我記憶中好像只有二、三棟，但馬路寬闊、整潔。市中心有一處古蹟，是當年買賣黑奴的市場，周邊用鐵鍊圍起來，旁立說明牌。密西西比河從市區旁邊流過，河面不甚寬，約二、三十米，河水混濁，靜靜地向南方流去。

　　河的對岸有一座近兩百米高的大拱門（Gateway Arch），形狀像一個拋物線圓弧，於1965年以不鏽鋼做成。拱門是象徵美國人當年開發西部時進出的大門。門是中空的，內有電動車可供遊客買票搭乘。自兩端升高到拋物弧線的頂點，下車可憑窗遠眺。當時一張票價是五美元，不算便宜。同來的幾位，有人已經登過頂，這次就不再上去了。拱門的外觀很宏偉，請參看附圖。

　　美國是一個新建立的國家，少有名勝古蹟。市區當然也有博物館，陳列的都是近代的東西。後來我曾利用假日去參觀過，大都沒有

聖路易市的大拱門

什麼印象。有一位名叫林白（C.A. Lindbergh）的聖路易人，在1927年從美國駕小飛機越過大西洋到達巴黎，是早年一位了不起的飛行家。他的事跡，他的飛行用具，便成為當地博物館的鎮館之寶。

在早期，聖路易是美國內陸的一座大城。二十世紀初，聖路易舉辦過一次世界博覽會，也曾開過一次世界運動會。運動會的田徑場，就是華盛頓大學校園內一座小小的佛蘭西斯（Francis）運動場，規模比目前台北市任何一間國小的運動場大不了多少。他們認為這就是古蹟，運動場雖已不再使用，卻仍保持當年的原貌。此可顯示美國人對於史蹟的珍視。

修讀博士的指導老師

私立華盛頓大學（Washington University，華大，見次頁圖）創立於1853年，近年來該校曾衝進全美名校前十名之內。四十多年前，我進該校時排名沒有這麼好，不過在當時的中西部大學中，還算是不錯的一家。學生只有數千人，在美國可以說是規模比較小的大學。

我是為念博士學位到該校來。在美國修讀博士學位，除了自身的條件之外，找什麼人做導師或指導教授也很重要。跟指導教授做研究，情況也不盡相同，有時可能因人而異。

修讀博士學位，必須找個指導教授，這好像是沿襲古代的師徒制度。在系裡找一位老師指導，本是一件很平常的事。當然大學教授之中有的人可能是大師級的人物，也有可能是一般沒有名氣的教師。不管跟誰做論文，你必須憑仗自力做出一些有創新性的成績，具體地展示出做研究的能力，才有可能畢業。大多數獲得博士學位的人，應該都是經由此種過程。

華盛頓大學校園一角

　　可是有人說修學位也有竅門。那就是找系裡年資深、吃得開的教授做指導老師。這類的老師在系裡多年，有一定的地位。你跟著他，如果和他相處得很好，最後多半不會失望。至於博士論文，也許經由老師指點，整理出一點東西、或者做個簡單實驗，然後寫一篇經老師點頭的報告，就行了（此處特指理工學科）。這不是危言聳聽，很多人就是走這個門路拿到博士學位。倘若有人設法找到早年美國各大學的博士論文資料庫，慢慢地查閱，定然會看到此等博士論文。

　　還有一個好辦法是追隨年紀輕、在系裡尚沒有甚麼地位、但研究能力很強的老師。這類的老師多半會盡力幫助學生把論文做好，讓他拿到學位。因為他憑實力指導多個博士生畢業，便是自然地展示他的才能，他在系裡的份量也就自然地向上提升。他的幫助學生，也正是幫助自己。雖然這種機會可遇不可求，但是據說確有人因此順利得到學位。

　　上述後面兩種充滿投機意味的"指導教授選擇法"，是我從前上班時，和幾位從美國回來的同事閒聊聽到的，姑且記在這裡做個紀念。數十年前，用走捷徑的辦法，藉助外力的加持，獲取學位，回到台灣，的確很有價值。有的人因此而飛黃騰達，得到高官厚祿。然而在目前"博士滿街走"的時代，其"邊際效應"恐怕就沒有早年那麼顯著了。

選錯了指導教授

且說我在華大選的指導教授，很糟糕，好像不屬於上節說的任何一種狀況。他對我雖然很和善，但是做研究的能力很差。我選錯指導教授最主要的原因是時間太匆促，沒有機會對教授有所了解。那年從台灣到華大電機系的學生除了我以外，還有台大電機系的李祖偉、吳酉生等人。我們被要求在很短時間內（好像是二、三週）決定指導教授。因為不了解，所以會有失誤。我在中科院雷射組工作，照理說應該找研究雷射方面問題的老師做指導教授，但系裡沒有這方面的人。

由於我在交大時，修過半導體電子，這個課目是普渡大學的教授張瑞夫（J.J. Chang）先生回台講授，我修此課頗有心得。當時半導體電子才剛起步沒有幾年，所以我覺得這是做研究很理想的新領域。恰巧華大電機系裡有一間半導體實驗室，負責人是亨利・谷克（Henry Guckel）教授（實際上是副教授）。他是二次大戰後移民美國的德國人，在美國讀完書，便留在美國工作。谷克教授對我說：他已拿到美國軍方的計畫，有很多研究工作正要展開，情勢一片大好。在這種有意膨風的熱空氣之下，我就疏忽了要求看他相關著作這件事，因而做成錯誤決定：選了他做我的指導教授。

去伊利諾大學訪友

在華大的頭一年全是修課，每學期選四門課，十二個學分，功課很忙。忙裡偷閒，在寒假裡我曾和吳酉生、李祖偉等人去伊利諾大學（Urbana–Champaign校區）看在那邊進修的朋友。中科院派往該校的有張延熙、李棣恕、周誠寬等人，還有幾位是其他軍事單位的。他們都在一塊輪流做飯做菜。我去的時候，他們聯合歡迎我。中午做了一桌豐盛的菜，像酒席一般。這是李棣恕領頭做的。我稱讚他的廚藝高明。他說端看你要不要做，要做誰都做得出來。這話確是頗有幾分道理。我因為不喜歡吃美國食物，中餐、晚餐都是自己做。抵美後不到幾天，我就會做飯做菜了，蔥油餅、麵條、水餃、紅燒牛肉樣樣都行。雖然頗費時間，但是因為自己要吃，也顧不得耗費多少時間了。

來到美國，說話已無禁忌。大家談起這次來美進修之前，各人送給辦理出國的承辦人多少台幣。有人說送了三千，有人說送了五千。沒送的只有我們中科院幾個人，我們還不知道去哪裡送呢。遲鈍如我等，完全是拜受政府積極培訓人力的政策之賜，才有機會出來念書。

伊利諾大學是個大型學校，各學院散佈在市區的街道上，格局和很多學校不大相同。他們幾位帶我去各處參觀。如今事隔四十多年，對那邊幾乎沒有什麼印象了。

通過博士資格考

在華大第二年除了修課之外，還要考博士資格考。筆試從上午八點考到中午十二點，共四小時。筆試及格後再考口試，由兩位教授主考，時間約二小時。這兩部份都過關了，還有第二外國語。我考德文，也是由在台灣考托福的那個機構（ETS）辦理考試。考前和一個音樂系的學生談天，他說這是他第五次來考，不知這一次是否能過關。我聽了他的話，也覺得自己希望渺茫。但很意外地，我頭一次闖關，居然成功。不過在我考後不久，工學院第二外國語的要求就取消了。

對指導教授很失望

在筆試和口試及格之前一年多的時間裏，我已有機會了解谷克教授。他從伊利諾大學得到博士學位（他的指導教授是一個日本人，谷克多次對我提起他，但我忘了這位日本教授的名字），然後來華大任教。我到華大時，他已來該校不少年了，但是他發表的論文很少。他的幾篇文章，都是和別人共同發表，內容多與電磁波有關，沒有一篇是半導體方面的。這時我才知道想做半導體方面的研究是不可能的事，因為谷克並沒有做過半導體方面的研究。跟著一個不曾研究半導體的人做有關半導體方面的博士論文，感覺上好像有點不是那麼合意。

自己尋找論文題目

資格考試過關之後，才開始和指導教授商量論文要做什麼問題，這是很正常的程序。當我為了這件重要的事去見谷克先生時，他竟然問我要做什麼題目。他說他自己手上沒有什麼可以研究的東西。我聽了他的話有點意外，也不是很意外，因為一年多來我沒有看見他有任何著作發表。

這時我深知今後我只能靠自己了。到此已無退路，換指導教授根本不可能。當初選谷克是我自己決定的，如今出爾反爾，又要離開他去找別人，這怎麼說得過去呢？所以此時的我已成為過河的卒子。在規模不大的學系中，尋找修讀學位的指導教授，最好是一次搞定，半途更換，除非有特殊原因，我覺得通常會比較困難。

大約從1969年底開始，我於修課之外，天天到圖書館期刊部去尋找論文的題目。這個題目必須是谷克先生能夠接受的才行，否則他怎麼能當我的指導教授呢？我費了不少時間，最後總算找到一個方向：作耦合（coupled）傳輸線的暫態（transient state）分析。因為他和別人共同發表的很少數文章，內容是和導波管相關的問題，所以我相信找傳輸線方面的題目，應該比較容易和他有共識。果然當我向他報告我的構想時，他滿口同意，認為是一個不錯的論文題目。

方向既然確定了，我開始蒐集需要的文獻。這工作在今日可上網查閱，早年沒有電腦，要靠自己去翻找相關文獻。文獻找到後，再慢慢地消化，了解整個的趨勢，以確立一個夠份量的問題並加以界定。接下來是尋出絕對和別人不同的方法去解決問題，如果能夠成功，便是向前邁進了大大的一步。做論文的工作繁瑣而費時，要用耐心支持。在有教授指導的情況下，可以和指導教授討論，我想那會省不少力氣。但是我沒有，只能靠自己努力。

看到簡體字

大概在1953年前後，著名的學者羅家倫等人提倡簡體字，反對他的是當時國民黨的理論家王新命等人，雙方在中央日報上筆戰多日。後來聽說因為蔣介石認為提倡簡體字就是和"共匪"隔海唱和，羅氏才緘默消聲。我是很同情羅家倫一派人的，因為我自幼就不喜歡筆畫繁多的文字。

來到美國之後，課業雖然繁忙，但是我愛看報紙、雜誌的老毛病還是沒改。有一天，在新出版的一本雜誌上看到一篇講漢字改革的文章。那篇文章中舉了許多例子，如：十八畫的叢改為五畫，十九畫的藝改成只剩四畫，十五畫的論字改為六畫，等等。平心而論，這種改革工作是很有價值的。那時候，大陸上正推行各種匪夷所思的政治運動，紐約時報等各大報紙天天都有報導。讀了那些報導，使人覺得中國 "亡國有日，崩潰之期不遠矣"，很難得看到一篇有關中國的正面消息的文章。這篇介紹文字改革實況的著作，算是一個例外。我回國之後不久，科學的美國人（Scientific American）雜誌上也出現一篇談中國語言的文章。文中把大陸上的簡體字視為最現代化的中國文字，並且有褒無貶。

多年來，大陸上都用簡體字，便利全民，也沒有聽說發生過甚麼危害，可見他們從1956年開始的文字改革，是一個很大的成功。

目前台灣似乎應該參照大陸，採用簡體字。簡體字用於書寫實在方便，對教育效率的提升，則尤為顯著。教國小的學童寫一個學字，要十六筆，一個聽字二十二筆，一個豔字二十八筆，一個呼籲的籲字超過三十筆，太繁瑣了。如改用簡體字，每個字都在十筆以下，該有多好！

即使不學大陸，至少也應把為數可觀的、我們天天都在使用的簡寫字，給予扶正，以代替目前的繁體字。像体、怀、门、发、听、礼、与、双、记、观、劝、当、对、尽、应…之類。我想在實用上，沒有人會一筆一畫地去寫這些字的繁體。既然大家都在使用簡寫，為何不能把它們稱為正體？

很多人都知道，漢字自古以來，就有由繁趨簡的演變。例如較早版本的康熙字典中，有把四個雷字排成正方形作為一個字的，也有把九個木字排成正方形作為一個字的。這些字太不便於使用了，所以後來全部出局！繁瑣程度較低一些的，也有相同的情形。因為例證太多，這裡不想細說，我們只拿少數幾款作為樣本：粗字是用三個鹿字排成三角形做成；虫字是用三個虫字做成；法字古作灋；秋字古作龝；洒字和灑有同義；和與龢亦然。像這一類的字，當用簡寫可代替繁寫時，便沒有人再留戀那些繁雜的字體了。胡同、秋千也都是棄繁從簡的例子。

漢字由繁趨簡靠自然演變，太過於緩慢，所以應由政府主導改革，才會迅速收效。大概這項工程有其多面向的複雜性，因此至今無人去碰。

以上的後面幾段，說的是題外話。不過我總認為這是一個攸關國計民生的大問題，身為國民，忍不住想說出自己的看法。

半途更換學校

當1970年過了將近一半時，我的論文已初具規模。半年來我每週都把我研究的心得寫成一份備忘錄交給谷克，並且在他的辦公室向他做詳細的解釋。他坐著聽我講，一面點頭，嘴裡一面說"yah"（yes的意思）。我已完全沒法希望他對我的論文內容有什麼高明的指導，我唯一的希望是他能幫助我完成論文口試。

正當我和谷克合作得很好，論文進展很順利的時候，有一天傍晚，谷克招呼我到他辦公室去一趟。他很嚴肅地對我說：他要離開華大，前往威斯康辛大學（University of Wisconsin）任教。我聽了一愣，問他真的嗎？他說：真的。並且表示最近就要搬家到麥迪生（Madison，威大所在地）。隨即安慰我說：你沒有問題，你和我一同去，論文做好回來考口試。我會要求穆勒（Marcel Muller，研究

第五篇　留美方知世道險

部門委員會的主任委員）寫一份文件，你在那邊修的學分也可以轉過來。

我當晚考慮再三，如果不隨谷克去，我這半年多來花在論文上的功夫等於白費了。重要的是目前已有初步結果，再找別的教授又要從頭開始，實在麻煩。何況未來是好是壞，也難以逆料。而且到目前為止，我和谷克相處還算不錯，我做論文，他從無異議，似乎沒有理由不相信他。就這樣，我答應隨他去威斯康辛大學。

就在我做了決定之後，有台灣來的同學告訴我：谷克在系裡曾和某教授吵過架，大概是待不下去了，才離開這裡去別的學校。這當然不是一個好消息，做教授會和別人吵架，修養何在？我因沒有親眼目睹，不知誰是誰非。

過了一天，穆勒教授把文件寫好，送到谷克辦公室。谷克看了不滿意，打電話要穆勒重寫。當時恰巧我在谷克辦公室，他為此事，幾乎又和穆勒在電話裡吵起來。後來穆勒雖然答應重寫，但兩個人好像弄得很不痛快。

在去威斯康辛大學之前，我查看國防部下的命令。發現中科院裡派往威斯康辛大學進修的只有張經國一人，另外還有其他單位的人，但是我全都不認識。我寫了封信給張經國，他收到後立即回了一信，說歡迎我去一同 "搭伙"。我又寫一信告訴他去的時間。

到達麥迪生

我在1970年六月三十日早上離開聖路易。一位同宿舍的美國同學馬汀（Martin）開車送我到城裏的灰狗汽車站。我乘公車去芝加哥，於中午時分到達。下車吃了午飯，再換車去麥迪生。途中經過密蘇里、伊利諾和威斯康辛三州，沿途都是一望無際的平疇沃野，連一個小山丘都沒有看到。土地差不多全是適於農耕的良田，因此這些農業州的物產之豐隆，可以想見。

當太陽平西的傍晚時分，到達了目的地。這裡是一座湖光明麗，風景如畫的小城。張經國、胡家麒（陸軍官校派來該校進修的軍官）等人已在車站等候我多時了。大家原本都不相識，但在他鄉見面，便感覺分外有情。由一位情治單位派去進修的年輕朋友開車回到他們的住處。他們四、五位合租一座平房，大家同住同吃。晚餐後，我們幾位軍職朋友聊到很晚才休息。

遇到一位好老師

第二天七月一日早上醒來，天很冷，冷到起不了床。當地緯度很高，和中國的哈爾濱相似，都在北緯45度附近。熱天只有七月底到八月初約兩星期。麥迪生附近有三、四個湖泊，其中以夢斗塔湖（Mendota）最大，風光絕美，夏日是當地人遊憩的好所在。這裡是一座大學城，當時總人口據說只有五、六萬，大部分都是學生。目前（2015）聽說人口已增加到二十幾萬了。

我因大部分課已修完，到了威斯康辛，主要是做論文，修課已屬次要。這裡電機系的教授人數比華大多，有幾位已屬電學界的泰斗，不過年紀都很大了。在青壯學者之中，有一位司考特（Alwyn Scott）教授。他在系裏，上下兩學期各開一門課，上學期開非線性傳播，下學期開生物電子專題討論。這兩門課我都選修了，深感獲益匪淺。我選司考特教授的課，和他變得很熟。他學問淵博，指導的博士生也不少，年年都有多篇論文發表，人也和善，是難得的好老師。

再考博士資格考

在威大電機系的第一學期，谷克要我考博士資格考。我說不是做好論文回華大考口試嗎？為什麼還要在這裏考資格考呢？他說如果考過，也許可在這裡畢業。

考試也是分為筆試和口試兩部份。筆試的時間和華盛頓大學相同，亦為四小時，但考的內容不同。華大考大學部四年電機系開的全部課程，範圍很廣。這裡只考電磁學和固態電子兩科，考研究所的課程，每科僅有兩個題目。大概是我的運氣不錯，這兩科的四道題居然都落在我的掌握之中。筆試過關當然沒有問題。口試部分，由谷克和諾爾曼（Robert Nordman）兩人考我。谷克當然不會為難我，他問的問題都比較簡單。諾爾曼早年研究半導體，當時是研究超導體。他問的問題，幾乎全部集中在超導體方面，我能回答的，大概不到二分之一。不過他的問題有些當時還正在進行研究，並沒有固定的答案。

谷克是德國人，諾爾曼也是德裔人，看他的姓氏就知道（威斯康辛州早年是德國的佔領區，德裔居民不少）。谷、諾二人是好朋友，谷來此之前他們原本相識。據說谷克能來威大，就是靠諾爾曼堅持。這兩個人合作來考我的口試，自然是通過了。

（上面提到超導體，我在這裡要小小膨風，自我宣傳一下：2013年，秀威資訊科技股份有限公司曾為我出版一本小書，名叫"漫說超導體"。我相信我寫的是一本最容易看懂、且近乎通俗的超導體簡介。讀者若有興趣，可到圖書館借來看看。）

在威大的悠閒時光

前面說過，我的工作以做論文為主，所以在威斯康辛大學是很悠閒、很輕鬆的。除了選修司考特教授開的兩門課，我還選過維爾農（E. Vernon）教授的微波電路學，同時旁聽諾爾曼的超導體。此外，電機工程學界的元老赫金斯（T. J. Higgins）教授，還有講授被動電路的布朗教授，都是較年長的人，他們常喜歡和我們這些外國學生聊天。日子久了，也變得熟識。我回國後，還和赫金斯教授常常通信。他看見我在Journal of Franklin Institute上發表的一篇文章，還寫信來稱讚我。記憶中他好像曾做過該刊的編輯之類的工作。

張經國在1970年的耶誕節前考過博士考，胡家麒因為進修時間已到，他們兩人在該年年底都回台灣去了。我在威大遇到的另一個熟人是馬民健。民健從香港的高中畢業，到美國念大學，在華大先後拿到學士和碩士學位。在華大時，我們有時會見面聊天。由於他在華大的博士資格考不如意，所以改到威大來念。有一天我在工程館偶然遇到他，"他鄉遇故知"，感到非常欣喜。民健有汽車，我們常常一同到附近的城鎮遊玩或去超市採購。從那以後，至今我們一直都保持聯絡。前年春節，他和太太從美國到台北來探親，我還請他們來家裡吃餃子。今（2015）年初他打電話給我，說年底還會來台灣。

遇到一件糗事

當時在威大的華裔學生有四百多人，其中許多港、澳生都是來美國念大學的。在1971年春節，中國同學聚餐慶祝，席開數十桌，請了不少教授和眷屬參加。十幾道菜色，大家吃得歡喜，吃完無事。可是當天夜裡，不得了，很多人上吐下瀉。事後追蹤，聽說是由於一道雪裡紅炒肉絲受到汙染所引起，因此有的洋人向“中國同學會”索取醫療費用。那次我還好，夜間拉了兩次肚子。這是我在威大遇到的一件糗事。

去聖母大學參觀

很意外的是有一天，交大同學虞和元來。和元從交大電研所畢業後來美，在印第安納州的聖母大學（Notre Dame University）花了不到三年時間取得博士學位，然後到新墨西哥大學任教。很不幸，他新婚不久的妻子因病去世。他傷心之餘，辭去教職，開了一輛金龜車（Volkswagen），從新墨西哥州出發，繞過科羅拉多、懷俄明、達科他、明尼蘇達各州，來到麥迪生看望同學，然後前往紐約。他有一個妹妹在那邊的一家化學公司任職。我們從交大分別後，已六年多沒見面。除了我以外，他還有一位成大電機系的同學李定寧也在威大念博士。我原來不認得定寧，和元來了以後，我們才變得熟識。

虞和元在麥迪生玩了兩天，然後東行。他走的那天，李定寧也開了一輛車，我們一同陪他去他的母校聖母大學看看，路程不近。中午時分，到達芝加哥。因路不熟，找不到中國餐館吃飯。李定寧曾在伊利諾理工學院（IIT）讀過書。車子開到那附近，但只有一家麥當勞店。我們沒有選擇，便吃麥當勞漢堡。我在美國讀書數年，除了早餐吃麵包、雞蛋、牛奶，幾乎每餐都是自己做中式的食物。大概只有在很不得已的情況下，吃過二、三次漢堡。

從芝加哥往東，不遠就是印第安納州，很快便到了聖母大學。伊利諾州和這個地區有很多地方，早年曾被法國人佔領，所以有些地名都取法國名字。聖母大學的聖母二字就和巴黎一座教堂的名字相同。聖母大學不大，也沒有高樓，以普通的平房居多，是一間樸實無華的學府。和元帶我們裡外參觀，並沒有費多少時間。參觀了學校，又到附近走了一會。看看天色不早，我們還要趕回麥迪生，就此和虞和元作別。當我們回到麥迪生市區時，街上的路燈已亮了。

台灣退出聯合國

和元離開麥迪生時，送我一台木製外殼的小收音機。我工作時，常會打開來聽音樂，或新聞播報。中國大陸取代台灣加入聯合國那天，很多國家輪流致歡迎詞，一直到深夜還沒有輪完，我就是從收音機裡聽到的。

台灣那段時間很艱困，政府派了一位官員來安慰我們。他講了許多洩氣的話，我覺得還不如不派人來比較好些。

導師不讓我畢業

在1971年初，我覺得我的論文已做得差不多了。從1969年下半年開始，經過一年多的時間，我完全靠自己獨力摸索前進。每有一點收穫，還要寫成備忘錄交給谷克，並且要解釋給他聽。這不是他指導我，反轉過來，變成我指導他。天下就有這種不合理的事，為的就是希望他能幫我完成論文口試。

到三、四月間，我已把論文的初稿完成，所差的可能還需要做幾個簡單實驗。這時谷克如果支持我考口試，就可組成口試委員會來進行了。到五月底，我向他提這件事，他有點顧左右而言他。

暗中發表我的論文

到1971年底，我才知道，谷克早在這年三月偷偷地把我的論文投稿到IEEE的微波期刊。他的名字放在前面，我的名字放在後面，表示他是文章的作者（author），我是合作者（coauthor）。他暗中做這件事，並不讓我知道。老實說，正作者合作者並不是那麼重要，排名在前在後也沒有多少差別。然而作為博士生的指導教授（除了我以外，他還有一個學生名叫Larry Hall，也是從華大跟他過來的），居然隱瞞著我去發表我的文稿，此一舉措著實令人吃驚。

我和谷克相處數年，縱然不能說親如家人，但感情實在不差。他請我去他家吃飯，我和Larry曾幫他搬家。有時無話不談，他講述他在韓戰戰場上做軍曹的往事給我們聽。如今發生了這種事，猶如我撞見我敬愛的師長偷竊一般難堪，內心實在為谷克先生感到不值得。當然數年來他沒發表過一篇文章，他的壓力也是可以想見，但是他投寄文稿不應該不讓我知道。

去紐約旅遊

學校放暑假後，虞和元來信要我去紐約玩。我覺得機會很好，因為沒有什麼事，便決定去紐約走走。那時年富力強，我特別喜歡乘汽車旅行，因為可以飽覽沿路的風光。我從麥迪生出發，先到芝加哥，再換乘直達紐約的長途汽車。

從芝加哥東行，經過印第安納州，到俄亥俄州，再到賓西法尼亞州，大體上說，一路都是平原，都是農業種植區。這和我少年時在中國從北到南，經過數千里所見的岡巒起伏或崇山峻嶺的景象，大不相同。相比之下，中國真算是多山之國（mountainous country）。車過匹茲堡，已進入賓州地區，終於看見南方出現了連綿的山脈。

下午時分，車到費城。下車休息，並在車站旁的自助餐店用午餐。餐後，繼續往紐約。從費城往紐約這段路程不遠，雙向大概有二十線車道，這是我所見過最寬的一條公路了。車抵紐約前，先經過哈德遜河面下的林肯隧道，出了隧道，就是灰狗汽車站。虞和元正在下車的地方等我。

因為他住在新澤西州，我們又同乘公車，過林肯隧道去他的住處。那時和元的妹妹已和他成大的同班同學徐世勳結婚，他們夫妻都在上班。我和徐也頗熟，因他服兵役時常去交大找同學，曾多次見面打招呼。這次我來紐約，和元當時還沒找到合意的工作，暫時休息，因此我們兩人天天去紐約市區觀光。

我這次來，停留將近一週的時間，紐約的重要景點都去過了。第一天去聯合國參觀。帝國大廈，自由女神，都曾登頂。甚至於當地居住黑人較多的布朗克斯（Bronx）區也跑過一趟。紐約的中央公園，百老匯，並沒有什麼特別，我以為自然歷史博物館最值得參觀。

紐約市當時給我的印象是有些街道既髒且亂，道路殘破，常見隨地吐痰。

我讀過的很多英文科技書籍都是麥格羅希爾（McGraw-Hill）公司出版。我們去紐約街上的“總店”參觀，門市只有幾本書擺在架子上，“寒酸”的程度，使我甚感意外。

和元和我去紐約的中國城吃過好幾次飯，這裡中國飯菜的口味的確道地。魚香肉絲、鍋巴蝦仁、三鮮炒麵，都做得分外好吃。美國各地都有中國餐館，很多地方的吃食都已在地化，通常只有東西岸大城的中餐館比較能保有中餐風味。

中國城對華爾街

紐約的中國城在運河街（Canal St.）附近，房屋低矮，市容和台灣的一些夜市街道相似，路兩旁都是四層樓的公寓。書店賣的是武俠小說、連環圖畫，一般商店賣糖果、鞭炮、玩具、服裝之類。諷刺的是近在咫尺的隔鄰就是世界金融中心的華爾街，街道整潔，樓高都在數十層以上，聽說都是猶太人的。兩相對比，倍感難堪。人家是怎麼混的，咱們炎黃後裔又是怎麼混的？我寫的是四十多年前的景況，不知目前是否已完全改觀了。

開了一次同學會

除了虞和元，還有交大的同學陳眾，他已在紐約大學石溪分校念完博士，就在普林斯頓大學附近的RCA公司上班。我們利用假日去找他，他把另外一位交大同學馬鵬南也找了來。老馬工作的地點離新澤西州較遠，他說開車開了三個小時。還有一位正在交大念博士，到貝爾實驗室來做實驗的褚冀良也到了（虞、陳、馬、褚四位在成大電機系是同班）。

我們在陳眾家熱鬧了一天。傍晚他帶我們到附近的果園採水果，每人入園要交一元美金。果園裏種的是蘋果和桃子。蘋果還不太熟，桃子則已完全成熟，可吃可拿，我們每人拿了二、三個。回到陳眾家，又吃過晚飯，大家才分手。今日好像開了一次同學會。

在我回威斯康辛之前，曾到普林斯頓大學參觀。校區內有愛因斯坦的故居，是一座小平房。通往平房的一條小徑，立有路牌，上書"Einstein Drive"。還有一座小小的紅磚牆講堂，據說就是當年愛因斯坦和人講道論學的地方。當時該校已有核融合實驗的設備，我印象中那好像是一種初步構想的模型之類。

感覺沒有希望了

回到威斯康辛，我來美已整整三年。再延長還有一年的時間，谷克如放我畢業，其實已沒有必要再延長，但他對這個問題並沒給我答案。我當時還癡想在未來的一年中，他總應該會讓我考口試，所以威大開學時，我又註了冊。當時的註冊費本地居民只要交三百美元左右，外人就要交一千六百多美元。

一直到十月裏，谷克都沒有提我畢業的事。數月前，我已問過他一次，他並沒有回答我的問題。我覺得我不好再繼續追著他問，因此我並沒有再開口。他並非不知我有時間的限制。中科院派人出國修讀博士學位，時間定為三年，必要時可延長一年。這在華大剛開始我就對他說過。想不到有一天他突然對我說：他希望我再多延一年，就在威大畢業，不要回華大去了。我聽了這話感覺很震撼。原來不是說好論文完成之後回華大考口試嗎？為什麼要變卦呢？一下子我變得十分茫然，不知如何回答他。停了一會，我淡淡地說：我現在已是第四個學年，不可能再往後延，中科院不會批准的。他對我說絕對沒有問題，他會寫信給中科院長，中科院長一定會接受他的建議。

我沒有再說什麼，但我心裡已感覺到是沒有什麼希望了。論文白做，所有在兩校修的課程幾近全A的成績白唸，光陰白費。這時我十分後悔跟谷克到威大來，但是後悔也沒用了。真是應了舊日章回小說裡講的話：〝偶因一著錯，便為人下人〞。

重回華大喜出望外

當天晚上，我在住處打電話給華大的張慎四主任。撥電話之前，我先把事情的來龍去脈想清楚寫在紙上，然後據以向張主任敘說我的現況。他聽了以後，覺得論文既已做好，又有穆勒教授兩年前寫的同意我回去口試的文件，他說我可以回到華大來。他會組成一個口試委員會，先就論文部份做一次口試，然後我再依照委員的意見做修改。他說等他把口試委員會組成了，再打電話告訴我是哪些人。

隔了一天，張主任打電話給我。說他已找到穆勒教授、葛來高利（Robert Gregory）教授、盧森堡（Fred Rosenbaum）教授三位，再加上他自己。口試時間定在下週一上午九時。

有這個機會，我真是喜出望外。所以在口試的前一天我高高興興地回到聖路易，在城裡找一家旅館住下。晚上九點鐘之前，我分別打電話向四位教授致意，為明天上午的口試，我先謝謝他們（旅館裡有全市居民的電話簿）。

張主任找的四位教授我都認識，除盧森堡教授的課我沒選過，其餘三位我都修過他們的課。不過我和盧森堡也很熟，他是吳西生的指導教授，我偶爾會向他請教電磁方面的問題。他是猶太裔，對人非常和善。這段時間他正在擔任IEEE微波期刊的主編。

其實這幾天我並不是沒有想到，幾位口試委員對於我做的東西不可能沒有意見。論文在〝質〞的方面我也許還有一點信心，因為這個問題我畢竟已琢磨了兩年。他們最有可能的意見是要我擴充範圍，再做出一點新東西。對於這方面，我已想到一個因應的對策：我會說我用的方法可以擴充到穩態（steady state）問題，因為我細心思考過這方面還有不少工作可做。即使時間來不及，我還可以要求先按時回台灣，把論文做好之後，再返校口試。這雖然比較麻煩，但畢業的機會還是存在的（中科院曾有不少人都是受時間限制，論文在國外沒做完，先返院，然後完成論文，再回學校口試）。

第二天上午口試時，我才把手寫論文初稿交給他們每人一份，他們自然沒有時間看了，所以穆、葛、盧三位教授問我的問題不多。只有張主任對我一毫都不放鬆，口試考了整整一個半小時，絕大多數問題都是他提問的。是他要我回來，大概他覺得自己責任重大。包括論文研究的過程，他通通都問到了。因為全部論文都是我一個人鑽研出來，沒有一個小地方我不知道，我當然都能照實回答。很意外的是幾位教授都沒提我對論文須做重大修改的意見。

找到代理指導教授

口試考過關，張教授說沒人投反對票。他要我去找葛來高利教授談談，請他當我的指導教授。葛來高利是聖路易人，在華大電機系獲博士學位，到RCA工作過十五年，他對電子電路之熟，實在令人佩服。當時的彩色電視機有毛病，他一看便知電路什麼部位出問題。我修過他的電子電路課，很慚愧，沒有學到他的本領百分之一。

當我去見他時，他說他對我做的這種電路並不太懂，他只能算是一個代理（acting）指導教授，要我自己好好努力。

也許是一種機緣，也許是一種巧合，我回到華大後，在一本新出版有關傳輸線的專書上，發現其中討論耦合傳輸線的部份，和我的論文所持觀點不合。我堅信我自己不會錯。我仔細考量，終於找出該書致誤的緣由。我和葛教授合寫一篇通信投寄到IEEE的Proceedings，大約一個月後，被該刊接受，準備刊出。

原書作者名R. E. Matick，是在IBM研究部門任職的科學家。他承認自己錯誤，並感謝我們指正。這雖是一件小事，但讓我對自己所用的方法增加了很大的信心（很有趣的是在1978年英國出版的Electronics Letters期刊上，有一位比利時教授寫的關於串音（crosstalk）問題的文章，也犯了和Matick類似的錯誤。我寫一篇letter告訴該刊。後來英國的IEE Proceedings的編輯曾寄相關的文稿請我幫他們審核。一篇文稿的審查人當然不只一個，不過通常這種工作他們會從他們刊物的作者群中找人去做，而我並非他們刊物的作者，只不過指出他們刊出文章中的一個小錯而已。自己有一點點長處，也會受到別人重視。一樂也！）。

過了不久，谷克背著我投稿的那篇小文章也在IEEE的微波期刊上登出來。雖然谷的名字在前，我的在後，但我相信華大這邊的幾位老師都不會認為是我佔了谷克的便宜。因為我來美進修的時間只剩下數月，所以1972年的新年過後，我就開始整理我的論文，並且開始打字，準備口試了。

導師不讓我畢業的原因

事後平心思考，谷克不讓我畢業，實在也有他不得已的苦衷。第一，他離開華大時，在系裡的人緣和名聲似乎不是很好。從他和系裡的某教授吵過架，到和穆勒在電話中的言語爭執，都可見端倪。何況這幾年他又沒有著作發表，是一位很"貧寒"的大學老師。回華大去考口試，那邊的教授可能不會甩他，所以他也許"不敢"回去。第二，在威斯康辛大學電機系，他等於是初來乍到的新手，又沒有什麼亮眼的表現。在系裡，除了諾爾曼以外，還不大有人看得見他，他想組織一個論文口試委員會恐怕都難辦得到。在這種情況之下，他只剩下拖時間一條路好走了，所以要我再延一年。我因為當初疏忽了（或者說缺乏遠見）評估這些因素，才錯誤地追隨谷克到威斯康辛大學來。除了我以外，還有Larry。Larry是一個非常忠厚老實的美國人，他跟谷克的時間比我還久，不知後來畢業了沒有。

有一件小事，充份表現當時的谷克不是一個做學問的人，只想在大學裡教教書混飯吃：美國學電機、電子的人，多為電機電子學會（IEEE）的會員。特別是大學教師，幾乎沒有一人不是，谷克當然也不例外。這種繳過費的會員，每月都會收到IEEE出版的和個人專業有關的好幾種刊物，內容刊載的大都是當代學術發展的重要文章。這些刊物送到谷克手上，他從沒開過封，只往他辦公桌旁的小櫃子裡一扔了事，令人驚奇。

在有一定水準的美國大學裡做教員，光靠教書不做研究恐怕是很難生存的。亨利‧谷克後來大概是為環境所迫，"改邪歸正"，和別人一同做微力學（micromechanics）製造技術方面的研究，還做出一些成績。因為這是一種尺寸十分微小的奈米（nanometer）工程技術，其感光蝕刻（etching）部分，用的光源是波長極短的x-射線。不知是否因為光源防護不良使身體長年受到傷害，谷克很早就過世了。

論文自己打字

我回到華大是在學期中間，宿舍已沒有空位，學校附近也租不到房子，只好在距學校較遠的一條街上租小套房住。房租是貴一點，但房子是帶傢俱的，且有爐具可以自己做飯做菜。住在同一棟樓裡的熟人有高進吉君。他是台北工專電子科畢業，在交大做過電腦室的技術員，我們原來在交大就很熟。他到華大來進修，目前已取得碩士學位，準備就業，不再念書了。高君有汽車，我常搭他的便車去超市採購。

我們的房東是一對很富有的老夫婦，光這一棟樓就有數十間套房出租，他們還開設加油站，也是當地一家精品公司的大股東。在1972年四月初，我問他們附近什麼地方可以找到論文打字的人。他們說那會花很多錢，他們建議我自己打，並且願意將他們的一台打字機借給我用（他們如此節儉，可見他們的富有是有來由的）。我把打字機搬到我房間，起初是一個字母一個字母地敲，後來越打越熟。費了幾天的功夫，我就把論文打好。文中有些機器上沒有的符號，我就用手寫上去。

打完字之後，我把稿子影印一份，送給葛來高利教授看，請他改正。過了幾天，我去拿改稿。他說他看過一遍，只改正了少數幾個地方。這樣論文就定稿了。需要做的兩個實驗也沒有時間去做。

考過博士考

我在四月下旬應博士考。口試委員除了上次考我的穆、葛、盧、張四位之外，系裡還從外系（物理）請來一位滿臉大鬍子的費茲吉拉（Paul Fitzgerald）教授，恰巧我在物理系選修過他的古典力學。我先報告，花了大約半小時，接下來由教授提問題，我解答。這次張主任一個問題都沒問我，其他教授各問了一、二個問題，沒有什麼"驚濤駭浪”，一個多小時，就考完了。

博士考過關之後，我先打了一通電話到台灣告訴我太太。接下來就是睡覺，一連休息數日，忙碌的學生生活到此總算告一段落。

感謝張慎四教授

我這次能順利回到華大來口試，拿到學位，完全是因為得到張慎四教授的幫助。我的學業成績、我的論文如果沒有張教授的支持，都顯得少有意義。如果說我畢不了業是冤枉的，天下更冤枉的事太多了。相比之下，這一件事對我個人的衝擊也許不小，但宏觀看來實在小得微不足道。

為什麼說對個人的衝擊不小呢？這是很明顯的。以知識水平而論，一個人因為特殊事故沒有獲得博士學位，本質上和得到學位並沒有差別。但在那個年代，被指名派往國外修讀博士，結果空手而回。回來之後，不要說當事人不敢奢望被服務的機關給予較好的職位和薪給，而對其在工作單位的形象，也會有很不好的影響。現實就是這樣。所以，張教授幫助我在很短的時間之內完成學業，我對他當然滿懷感激。感激放在心底，我對張氏本人不過是口頭說聲謝謝而已。

到芝加哥去玩

中科院規定：在美國拿到學位，可以做一個二週的參觀訪問計畫，參訪美國境內的科研機關或學校，所需費用回國可以檢據報銷。我並沒有做這件事。高進吉找工作要去芝加哥面談，他請我乘他便車去芝加哥玩，我去玩了幾天。這個城市我往返經過多次，都沒有機會入城參觀。這次來玩，去過不少地方。我印象最深刻的是參觀城內的科學與工業博物館（Museum of Science and Industry）。館內展出的東西琳琅滿目，有開採煤礦的現場，有一艘真實的潛艇，可讓參觀者從其中走過。軍用民用工業產品多有展示，這是在他處難得看到的。

啟程歸國

在1972年五月初，我辭別華大的師友，乘灰狗汽車離開聖路易，啟程返回台灣。沿途經過阿堪薩斯、奧克拉荷馬、德克薩斯、新墨西哥和亞利桑納各州，最後到加州的洛杉磯。途經新墨西哥的首府阿伯卡克市（Albuquerque）時，我去看鄭昌敬。他是虞和元在成大的同班同學，被空軍官校派往新墨西哥大學進修。

我去時他說他要放棄進修，準備返回台灣處理家務事。他要我回台之後代他向中科院的計劃處報告，把他的進修計畫中止掉（此時中科院的計劃處統一管理三軍軍官出國進修事宜）。我問他是什麼家務事，他說他太太和他岳母兩人已鬧得不可開交，沒有辦法再同住下去。我聽了之後，覺得這不是什麼大困難，力勸他不要放棄，繼續念下去。我說在國內想獲得一個出國進修的機會是很不容易的事，你現在既已快要完成學業，為什麼輕言放棄。退一步說，即使萬不得已放棄，自己回國就是了，也不需要先去計劃處中止進修計畫。他聽了我的建議，苦撐下去，兩年後終於拿到學位。

我在阿伯卡克停留二天，也在附近觀光一番。新墨西哥大學的校舍最特別，一棟一棟都是形式相似的土黃色"地堡"。因為當地是沙漠地帶，不知是不是為了防風沙而設計成那種形式。當地樹木很少，盛夏時恐怕是很熱的地方。

　　我這次從聖路易西來，一路到奧克拉荷馬州都還是平原，麥田遍野，一望無際。再往西地貌就有了重大的變化，一直到加州，沿路不是山陵，就是沙漠，荒涼得很。美國的中部各州，因為山少，平地多，所以物產豐隆，可是年年要忍受龍捲風（tornado）的肆虐。這也是自然界一種神妙的平衡嗎？

　　我離開阿伯卡克西行，經過旗杆市（Flagstaff）之後，一路下坡，直到鳳凰城。我在鳳凰城下車停一個多小時，吃過午飯，再繼續前行。這一帶野地裏有巨大的仙人掌樹和千萬年來風化的紅土柱狀高台。我覺得這些美觀的柱狀物將來可能都會變為平地，沒有辦法把它們保留下來，實在可惜。

　　接近加州時，車子在沙漠中一條平直的高速公路上行進，路兩旁都是一望無邊的沙漠，景觀非常奇特。傍晚時分，車到San Bernadino，這是洛杉磯東邊的一個市鎮。我在此下車，住了一晚。全新的一家小型旅館，住一晚只要美金五元，比阿伯卡克市區的旅館便宜太多。

　　在此休息，也領略一下當地風光，第二天中午才去洛杉磯。當年乘美國的長途灰狗汽車旅行，可在中途任何一站下來，告訴司機要在當地停留，司機會在車票上簽個字，旅客辦完事便可用同一張車票，繼續下一段行程。這種做法，合情合理，實在非常方便。

遊迪士尼樂園

　　到了洛杉磯，我住在公車站附近的喜塞爾（Cecil）旅館，打電話給同學陳眾。他已從新澤西州的RCA轉到洛杉磯的Rockwell公司上班，目前住在橘郡（Orange County）。他聽說我已克服困難，回到華大畢業，很為我高興。他請我去他家住幾天，我沒有去住，但我到他家去看他和他太太。上次在新澤西州他太太不在家，沒有見到。他叫我早點過去，安排我去遊迪士尼樂園。第二天一早我到他家，他太太名王鍾秀，年輕美麗。談了幾句話，我便驅車往迪士尼樂園。玩了一整天，裡面洋洋大觀，真是不同凡響。這是只念過高中的迪士尼兄弟的傑作，看了真令人羨慕。傍晚五點多，陳眾開車來接我去他家，他太太做了滿桌的好菜招待我。晚餐後，又談了好一會兒。因為第二天不是週末，陳眾還要上班，我就告辭，他們送我到車站。回到旅館已十點多。

　　我在洛杉磯又玩了兩天，在1972年的五月十一日回到闊別近四年的台灣。這時我家老大已五歲，我到美國之後半年多才出生的老二也已滿三歲了。

憶浮生往事

第六篇　太平無事日月長

留美返國後，我在中科院又服務二十五年才退休。本篇片段地記述我在中科院服務的經過，以及一些所見所感。

簡要的記述

我寫對於過往的回顧這本小冊子，前面五篇都是憑記憶寫成，幾乎沒有查過任何資料，事實上也沒有什麼資料可查。但是最後這一篇不同了。我自從1972年由美國讀完書回到台灣，在中科院工作的二十五年期間，天天都有寫日記，所以資料太多了。不過長話短說，本篇只作簡要的記述。

在這一篇裡，我不再敘述早期中科院研發的成果，因為那方面的報導已多。像郝柏村、黃孝宗、華錫鈞，還有其他人，都有相關的著作問世。我這裡如果再談同樣的話題，恐怕會被人說成是狗尾續貂。

換個角度，從參與實地工作的舊日員工立場來發言，說說當年大家在一個略似軍隊的研究機構中，所看見的某些面向運作的實況，也許是一個很有價值的回憶方向。

在以下各節的說明中，常常會借用我的昔日同儕和朋友們的高見，但不特別聲明。另外間或談到人員互動，當然也可能會說些無關宏旨的閒雜小事。無論寫什麼話題，一定都是曾經發生過的事實。從前于右任先生做詩，說："不容青史盡成灰"。所以能讓曾發生過的事存真，便具有保存史料的意義。

在回國之後的二十五年之中，特別是開頭的十幾年裡，有很多事用今天的眼光去看，一定會覺得不大合理，也沒有很好的效率。而那個時代用人和做事走的好像都是考慮比較不太周延的路子。可是大家從其中走來，且把多種武器的設定功能做出，也算是很不容易的事。至於這些武器在實戰中的真正威力，大家當然希望永遠不要有機會驗證，因為全民最期盼的還是永遠都沒有戰爭。

組織和軍隊類似

經過籌備處的階段，中科院成立於1969年，那時我在國外。可能是由於當時的主事者都出身軍旅，比較熟悉軍隊經營管理的模式，因此中科院採用的組織形態和軍隊有些相似。自上而下，由階級高的管理階級低的。

院長是中將軍階，其下除了業務單位之外，設有機械、電子、化學、原子四個研究所。業務單位的主官和各研究所的所長都是少將編階，統稱一級單位。所之下設組，組為二級單位，組長的軍階多為上校。

在所裡，所長負責全所事務。組長則是執行研究發展的主導人。採行類似軍隊的組織架構推動工作，用軍事化的管理，下級服從上級，簡單明瞭。看起來是很不錯的運作方式。

這種方式的運作成功，很明顯至少有兩個條件必不可少。第一個條件是領導者必須合於設定的理想：他們的學識能力、品格修養都要不在部屬之下，大家才會對其翕然景從，發揮團隊的力量。第二個條件是要具備有效的監督機制。由於科技工作比較繁瑣，監督的難度當然會高一些。但是要想研發工作有效執行，這兩個條件可以肯定地說都非常重要。

　　在早期，因為研究所都是由軍職人員為骨幹做成的組織體，民間人士要來中科院大抵只能做從屬的工作人員。中科院成立之初，為了吸引民間人士來院參與研發工作，院長曾由台大校長閻振興先生兼任，實際的負責人則為副院長唐君鉑中將。當時民間從國外回來的年輕學人，在了解狀況後，很少願意到中科院找工作。以電子所為例，偶而有少數進來，不久即離開。像從美國回來的杜姓、馬姓、邢姓等三位年輕的博士，他們在電子所只待了很短一段時間，就去另謀出路。那時社會人士對軍事機構的印象比較呆板，一下子要改變還不是那麼容易。

　　當時高層的院長、副院長在武器研發方面，他們當然知道中科院成立的目的是要做甚麼。但對於各研究所運作的細節，恐怕也不是很清楚。感覺上，他們對於培訓了許多博士頗為自豪，大概認為博士就是頂尖的人才（這也是那個年代人們普遍的觀念），頂尖的人才，又有軍階，當然就是研發武器最佳的人選了。

統一的薪給制度

　　早期中科院的人員主要分為兩類：一類是研究系列，凡具有各種學位的人多屬此系列，這些人大都在各研究所裡工作。另一類是所謂工程系列，這系列多為老資格的軍職人員，負責對外招標蓋房子或辦理國外儀器設備的採購等一般業務。研究系列的人自下而上依次分為研究助理員、助理研究員、副研究員、研究員等四級。工程系列由助理工程師、副工程師、工程師到主任工程師,也是四級。兩種系列人員的待遇逐級對應,完全相同,而且都分為"本薪"和"加給"兩部份。本薪部份就是一般軍職或文官的待遇,和普通機關(如三軍單位或縣市政府)的同級人員相同。加給部份依照各人的等級高低發給,金額遠遠超過本薪。中科院的待遇高,就高在這一部份。這種核薪的方式等於是"統統有獎",大家自然歡喜。

有人說,在一個研發機構裏,應該把最高待遇給予核心研發人員。這是留住人才永續經營的不二法門。其餘的人拿他應得的待遇就可以了。這種說法,從民間公司經營管理的角度來看,當然是對的。但從部隊領導統御的角度著眼,在一個單位之中,相同階級和年資人員,實在難以容許有兩種高低相差懸殊的待遇。因此,即使統統有獎的做法不盡合理,可能也是沒有辦法的事。後來參謀本部有人指出中科院的幕僚單位如計劃處、設供處等,辦的都是一般業務。拿科技研究加給,實在沒有道理,建議變更。那裡變更得了?

中科院統統有獎的待遇所引起的另外一個問題是影響其他單位人員的士氣。同樣做儀器校正工作,在中科院拿很高的待遇,在聯勤和空軍只拿一般軍職待遇。這些單位工作人員的士氣,當然會受到影響。高層任由這種現象存在,或者可以解釋為高層對於中科院一種特殊的關愛。

除了影響其他單位人員的士氣,也會造成反淘汰的現象,使得有能力的人離職求去。這個問題我曾親自遇到過,細節留待後面再說。

電子研究所

從籌備處時期開始，電子所就由海軍掌控。海軍機校的電機系在民國四十年以後，接連有數個班級畢業（後來據說美軍顧問認為機校的教育不符合當時海軍的需求，便沒有再繼續招生），總人數大約數百人。其中有些人在海軍服務後，又往國內外研究所進修。後來取得碩士、博士學位的，大約各有七、八個人。這些人就成為中科院電子所的核心成員。所裡也有海軍官校畢業的人，但只佔少數。另外，有為數較多的機校校友，他們並不曾進修，而是自行想辦法從海軍調到中科院電子所來的。

當時電子所的所長、副所長都是海軍機校出身。因為採行軍隊管理模式，依照軍中用人的倫理，所長當然由年班最高的學長擔任，這個不在話下。由於大家的水平無從比較，所長雖為一所之長，也有軍權在手，但在許多方面他並不見得比大家高明。這也是實在的情形。一位海軍的朋友對我說："機校畢業的資深人員中，有的自視甚高，所長必須為他們安排一個能自主的位置，讓他獨當一面，才可擺得平。若非如此，有人鬧將起來，那大家都沒得混了"。我的這位朋友，在海軍服務多年，他對狀況的了解自然是十分精到。

因此，全所成立了十幾個組，組長都是海軍的人。其中包括雷達組、天線組、通信組、微波組、控制組、砲儀組、特殊電子組、…。這些組從表面上看，特別是在外行人眼中，會覺得樣樣齊備，什麼都有。實際上，有些組的工作有重複。通信組做通信機，另外一個組也做通信機；控制組已負責全所的控制工程，另外還有一個組的全部工作，只做控制工程的一個小項目。私下裡，所中的同事聚在一起閒聊時，有人說：某些很小的組，人員只有個位數，工作甚至都還沒確定，不見得有成立的必要。這也許是實情，但為了解決眼前的問題，有時不能不對某些原則，有所調整。

讓每個人都有個獨立自主的位子，日子便過得平靜。那時中科院有一位姓賀的主計主管，住在石門水庫管理局的眷村裡，我常看見有所長傍晚去他家打麻將。由此可見大家都沒有壓力，人人逍遙愜意。

到元件組工作

去美國之前，我本在電子所的雷射組工作，但我在國外並未學到雷射方面的東西，所以回國之後去了電子所元件組。元件組剛成立不久，人數很少，還沒有什麼工作。

那時院裏並不鼓勵個人做學術方面的研究，集會時長官曾對大家宣佈過，那被認為是拿公家薪水做自己私人的事。學術機構不鼓勵學術研究，是很少見的限制，不過還是有少數人，會寫文章在國內、外學術期刊上發表。

我在元件組雖然零星小事不少，上級從沒交付過我研發方面的任務。事實上每人似乎都沒有什麼任務。但年年考績都很好，等級照升。就像昔年我在空軍預校上英文課，老師從來都很少教英文，但每人成績都是八、九十分，非常地不實在。這種境況會使人感到不安。既然在元件組，於是我就試圖做元件。

我做的第一種元件是表面聲波（surface acoustic wave, SAW）元件，我做過濾波器和延滯線，可是並沒有人要用這些元件。我只寫過一篇有關SAW的文章在 "科學月刊" 發表，該刊的主編在文章刊出後，寄了一張明信片給我，請我再為他們撰稿。不過我總共只為他們寫過那一篇稿子，沒再寫過第二篇。

其次，我還做成功超小型的液氮杜瓦（dewar），那是用在冷卻紅外線檢測器的一種組件。這項技術是我出差去美國波士頓，在一家冷凍公司參訪時學到的。不過當時也沒派上用場，因為還沒有人需要在液氮（-196℃）的低溫下，做訊號檢測。另外，我還用帶狀導線（stripline）做成方向耦合器，那是一種微波電路上用的元件。並且寫成一篇報告，發給有關單位，但是也沒人來找我做這種元件。做的元件沒人要用，這很自然。因為各種元件都很容易從國外買到，外國貨包裝精巧美觀，而各單位又都有充裕的經費，誰會用自己做的土貨呢？

在元件組待了五年的時間，我們好像都在等待，沒有人要我做和科技有關的事情。回想數年前，院裡大張旗鼓派人出國留學。留學歸來後，卻被"投閒置散"。這情形，並不是誰要存心作弊。大概正顯示出科學技術的研究發展，缺少了專精的領導人，真的很難一步到位。

在院外兼課

有一回，蔣經國到院裡來講話，他說中科院的人應該到陸軍理工學院兼課，於是我就去該院電機系兼教一門課。教的課目先後有電子物理和聲波的傳播等，這些課目都是系裡指定的。

在理工學院教了四年，又去台大電機系兼課，我改教微波電路學。那時候大學教師晉升不難。我在理工學院的職稱是副教授，在台大教了幾年，從副教授升為教授，在中科院也從副研究員升為研究員。為了升等，我寫過兩篇文，分別在美國和英國的期刊上發表。由於升等需要著作，但院裡又不鼓勵做研究寫論文發表，我就把以前做博士論文的觀念，略加擴充，在很短的時間內，寫出兩篇文章。一篇發表在美國一本古老的科學期刊Journal of Franklin Institute上（因為我曾看見韓光渭有文章在該刊發表），另外一篇我投寄到水準也不是頂高的在英國出版的International Journal of Electronics刊出。

我在台大兼教將近十年，上課用的講義後來應國立編譯館之請，寫成一本微波電路學出版。這本書將近1200頁（32開本），差不多涵蓋了微波所有的重要課題，書稿還頗受當時審查人的稱讚。由於排印後只經過一次校稿，殘留的排印錯誤不少，這是一大缺陷。另外，此書一氣寫成後，因為趕時間交稿，並沒有修改的機會。

在當時大學裡年輕的老師比較注重發表研究論文，很少有人願意花時間去寫科技教材。我因為沒有所謂publish or perish的壓力，再加上個人興趣雜，所以當國立編譯館找人寫書時，我就承接下來。心想至少在若干年後，我教過些甚麼材料，還能留個紀錄。那書出版至今已二十多年，果然，目前在有些地方仍然有機會看到。在這本書中，有許多子題我自認寫得很清楚，全憑自創的想法作解釋，並不依靠任何現成的闡述方式。這些部份我認為最有價值。由於我在這本書上曾花不少功夫，故忍不住對這件陳年小事在此多說兩句，沒有膨風的意思。

在台大，除了教課，我也指導過多位碩士生做論文。他們常到中科院來做實驗。其中有的學生程度很好，自己會用功。指導這類學生，並不須費多少力氣。

還有我必須說的是：在1970年代，台灣大專院校中具有博士學位的教師很少，有的學系甚至一個博士都沒有。所以那時有博士學位者想去任何學校找教職，大概都很受歡迎。拿目前的情形和當年對照，真是今非昔比了。

著作審查

我自從升上研究員之後，便理所當然地變成院裡的著作審查人。計劃處的承辦人不時會把院內晉升研究員或主任工程師的相關著作送來請我審查。著作審查的目的應該是用以顯示送審人的水準和研究能力。

在眾多送審的著作之中，很有水準的，當然是高分過關。但有的人什麼也不會寫，就找別人的作品充數。有一次，一位平日很熟的同事，要升研究員，送審的著作是一篇和統計有關的論文。我知道他並不懂統計，文章一定不是他自己寫的。我如讓他過關，良心會不安；我如不讓他過關，又覺得對不住朋友。遇到這種困境，我就以不是本身專長為由，退還給承辦人，請他另外找人審查。

另有一次送審升主任工程師的著作，居然是美國一家賣電子戰裝備的報價說明。這太離譜了，我同樣拒審。我聽同事講還有更離譜的，他收到一位送審人的著作只有一頁，上面說他的著作就是某某營區那一大片新建的營舍。一般最常見的情形是送審的著作都是送審人就他目前正在進行的工作項目擇要寫成，雖然不一定有創新的內涵，但至少還能做到實事求是，所以多半是一次過關。

無論送審的著作是什麼，最後沒有不過關的。最壞的結果是晉升的時間向後延長一年半載。我覺得那時中科院為晉升等級而做的著作送審，只能說是聊備一格而已。

做儀器組長

我在元件組 "閒" 了五年，所裡要派我去儀器組當組長。電子所的儀器組和品保組等幾個組都是屬於 "勤務性質" 的組，較少研究工作，任務大半是支援別的單位。我如果拒絕接受這工作，又有什麼好差事可以幹呢？我知道，中科院不是中央研究院，想做什麼研究大概就能做什麼研究。而我在院裡又沒有什麼背景，孤單一人。要想找到完全合於個人興趣的工作，並非易事。

這時電子所的十幾個組，仍然全是海軍人做組長。其中絕大多數組長都是海軍機校校友，另有少數一、二位是海軍官校畢業。儀器組長本來也是出身海軍機校，他因另有任用，才找我來遞補，大概上面也有點找個空軍的人 "平衡一下" 的意思。我在所裡幾位要好的朋友都說儀器組長是個好位子，於是我就去儀器組做了組長。

儀器組的工作分為三個部分：第一部分是做飛彈系統上所需用的各種電源供應器，本質上這種工作屬於電力電子學，並非我所長。第二部分是製作不同規格的線圈和變壓器，有一個十人左右的小工廠在執行該項任務。還有就是儀器校正和接收檢驗，這一項是屬於例行性的工作。全組總共有四十多人。

我來這個組做組長，可以說是外行領導內行，因為三項工作我都不曾做過。不過即使是外行，組員也沒有人敢拆穿你，因為你有權管著他。所以組長在一群人中，永遠佔上風。事實上，當組長的好處，還不止這一項。除非你冒犯了頂頭上司，每年的考績至少都在甲等以上。如果組裏某人做出貢獻，組長也有功勞，說不定還會受到勛獎。過春節時，組長常會得到上級犒賞的紅包。另外，組長也比較有升遷的機會。好處說都說不盡。小小組長是如此，你的官做得越大利益當然越多。因此，那時盛行的還是一種以做官為導向的文化。至少在我所知曉的範圍裡，確是如此。

上述儀器組的三項任務，只有設計製造電源供應器一項和研發工作有關。當時院裡積極進行的工作是研製雄風一型（雄一）反艦飛彈。該項工作是參考以色列的加布瑞型（Gabriel）反艦飛彈進行。此飛彈很小，貼海面飛行，速度也慢，是一種比較古早的武器。

因為電源是飛彈上的一個"分項"，所以每次開和飛彈相關的檢討會，我都要出席。由於電源供應器是一種相對比較成熟的（well-developed）電路技術，儀器組有七、八位很能幹的年輕工程師負責設計製作硬體，他們的表現不錯。因此我在這方面雖然水準不高，但在開會的會場上很少因為電源有問題而受到責難。這一點我當然要感謝我背後的工作團隊。

雄一飛彈的研發工作大約早在1968年就開始了。十二年後，在1980年5月間得到初步的驗證成功，開慶祝會。我也因為"對電源有貢獻"而拿到獎金，這顯然也是當組長的好處。否則，以我的電源知識水平，哪裡有獎金好拿？

雄一飛彈試驗成功之後，生產了一些交給海軍使用，但因可靠度較差，後來又經過性能提升和第二次驗證，才於1984年裝上海鷗艇移交給海軍。我於1986年底去海軍開會，海軍的高層官員還語帶不滿地說：雄一飛彈海軍仍然離不開中科院的協助。

我在儀器組和全體同仁相處得很好，工作也算愉快。電源小組的人，多數都是民間大學畢業，主修電子電路，程度不差。而且曾在民間公司工作過，算是有經驗的工程師。但當時院裏核給他們的等級非常之低；文職部份相當於低級委任官，加給部份都是最起碼的研究助理。初來時，他們無異議地接受了此種等級。日子久了，他們發現組裏有些軍職人員，什麼技術也不懂，只會辦辦公文，做些閒雜小事，薪資卻超過他們不只一倍，於是有人興起離去的念頭。一位陳君最早離開，還有一位謝君也對我說不久要走。這兩位都是做電源供應器的高手，很容易在民間工廠找到工作。他們的離職，當然對我們的工作會有很大的影響，但是也沒有辦法。這是因待遇不合理產生的反淘汰現象。

人員進用靠關係

我做儀器組長時，有一天去計畫處尋找一位技術員。大約在1970年中科院正式成立之後，因為需要大量人力，必須對外招考，當時有很多人來報名。計劃處把申請人填寫的履歷卡集中放在幾個大盒子裏，像早年圖書館裡的目錄卡一樣。各單位需要增加人手時，就從這些卡片裡尋找合適的人，然後再約時間面談。且說我在專心查閱卡片時，我們所裡另外一位組長也來坐在我旁邊查卡片。不一會，他哎呦了一聲，說這個人是所長的同學。他將那張卡片抽出拿去交給了所長。後來所裏為這位先生安置的不是技術員，而是副研究員，並且派到我們儀器組來做校正儀器的工作。我因此了解這位先生的來歷。

這位所長的同學姓嚴，海軍機校畢業後，曾在海軍服務過一段時間，升到上尉。由於他堅決不參加國民黨，只好從海軍退伍。一度曾到電子公司上班，後來因故離開。為了生活，他才來中科院應徵技術員。此時他的海軍同班同學在電子所大都位居要津，所以為他補了一個和副研究員相當的職位。這位嚴先生人非常老實，終日不和人講一句話。五十多歲了，還是孤家寡人。後來他在中科院做到屆齡退休。

還有一次，儀器組招考一位女性資料管理員（相當於秘書），恰巧有一位海軍將領的女兒來應考。這位將領事前可能拜託過所長，所長考前就給我打招呼，要我多關照。參加考試的有十幾個女生。考試的結果，那位將軍之女殿後。由於成績優劣相差懸殊，難有"關照"的餘地，我只好向所長說抱歉。

在考試之後，須經身家調查（通常需一到兩個月的時間），才能來組裡上班。我錄取的小姐還沒有調查完畢，那位將軍之女已去所裡另外一個組報到了。

一位無往不利的主任

在各所所長之下，除了做科技工作的各組之外，還有一個綜合計劃室（簡稱綜計室），這是承辦全所一般業務的單位。在我回國之前，電子所就來了一位綜計室主任。他是所長在海軍機校的同班同學，曾代表所長寫信給我，催我早日回國。主任之下，還有許多位辦事人員，都是海軍的老資格軍人。這班人辦的都是一般文書業務，卻都是屬於工程系列的人員，品位都在工程師以上。因為一切都由自己辦理，這位主任本人很快就升為和研究員相當的最高等級：主任工程師。

過了幾年，所長升為副院長。不久院裏的行政處長恰巧退伍，於是這位主任又從科技類的主任工程師改為行政人員，順利地當了行政處長。行政加給雖然比科技加給少，但他注目的是少將的軍階。果然沒有多久，他就升為少將。

此時中科院行政處長的編階已固定為少將（較早曾有中將做過），幹下去也不可能有機會更上層樓。於是他又想辦法轉回科技系

163

列，到院裏另一個新成立不久的一級單位，系統維護中心，做了副主任。

後來在郝柏村兼任院長期間，他注意到院裏很多軍職人員，從來不做科技工作，拿的都是科技加給。軍職退伍後差不多全都改成科技聘任，繼續幹到六十五歲退休。因此參謀本部下了一道命令：軍職人員如果沒有碩士以上的學位，退伍後不准改科技聘任，必須離職。雖然有這道命令下來，但是各級主管礙於人情，真正退伍離職的人很少，大多數都還是改為聘任，幹到六十五歲才離開。從行政處長下來，重新回復科技身分，並且調到系統維護中心的副主任，因為郝柏村認識他，也知道他什麼學位都沒有，曾點名要他離開中科院，但他仍然有辦法賴著不走。有一天老郝到院裏開會，狹路相逢，發現此人還在，於是下令要他一周內離院，這次他才真正離開中科院。故事是該主任的一位學弟有一天在用餐時講給同桌人聽的。

此時這位先生已在中科院幹了二十多年，離六十五歲也差不了幾年了。他一直拿的都是高待遇，又升上少將，等於拿到了退休後的優等飯票，在中科院算得上是無往不利。

一位扶搖直上的組長

元件組實在沒有什麼元件可做，就朝微電子（microelectronics）方向摸索。負責的組長是一個很和善的人，臉上多半時間帶著笑容。他的特點是喜歡"擴大經營"。像投資者把大筆資金投入他認為有利可圖的投資標的一般。這位先生本人並沒有微電子方面的專長，不知是聽了顧問（他用高薪請了一位姓毛的美籍顧問）的建議，還是自出心裁，買回來很多做微電子電路的設備。那時由於預算充裕，再加上該組剛開張不久，擁有博士學位的組長常被視為專家學者，權力很大，買什麼都不會有人干涉。

買回來做微型電路的大件機器，包括做厚膜（thick film）電路的印製設備、做薄膜（thin film）電路的濺鍍設備以及做半導體產品用的離子植入（ion implanting）設備。這些設備有的一台價值數十萬美元，都很昂貴。除了主要的機器之外，相關的附屬設備更多，所以數年之內，偌大的實驗室裏佈置得琳瑯滿目，煞是壯觀。

後來漸漸了解，這些設備都是微電子工業界用來大量生產的東西。中科院全院各所並不需要用這類的設備去大量生產什麼，可以說是一項錯誤的投資。若干年過去了，並沒有做出什麼對研發計畫有用的東西。機器也漸漸老舊。因此不但當初所買的東西是一項錯誤投資，同時也證明成立這個組本來就沒有明確的需要。

大家相處在一起，近距離觀察，彼此常會發現對方的毛病。據該組的一位組員，也是我曾在理工學院教過的一個非常優秀的學生傅君說，他們組長的毛病是看不得別人有表現，別人有表現，好像會威脅到他的官位。為了從史丹福大學引進的微波放大器一個案子，傅君做了一次專題演講。他因已把放大器的工作原理弄得很熟，講得非常得意。也許是組長在台下看了不順眼，就說他講的"全部不對"。傅也不客氣地回應："那你來講！"，並把粉筆遞給他。為此事兩人差一點起衝突。傅君後來離開中科院，去新加坡南洋大學教書去了。

大約在這個組成立之後五、六年，這位組長恐怕漸漸感到事態嚴重，捫心自問，惶恐大概是免不了的。可是就在這個當口，院裏的副院長出了缺。成立這個組的所長高升當了副院長，而這位組長也由學長提攜高升當了副所長。

有一回，幾位同事坐在一起談天。有人質疑："某某在眾多

組長之中，對研發工作一點貢獻也沒有，算是後段班的，為什麼會
高升副所長？"另外有人回應說："主官當然提拔和他配合度高的
人。什麼前段班、後段班，完全從績效表現去考慮，想法未免太老夫
子了。"上級無論辦什麼事，基層常會出現不同的聲音。這很尋常，
也難以論斷誰是誰非。

在1982年年底，黃孝宗先生來當代理院長，郝柏村兼任院長。這
是院裡一次高層人事大變動。恰在這時的某日，這位組長先生和我一
同去參加某校的碩士班學生畢業口試。回程途中，他說："要改朝換
代啦，日子不好過了！"他這樣講，也許表示他自忖過往的功績並不怎
麼出色，恐懼官位會被撤換掉。哪知高層有學長相助，結果恰好相反：
在新的人事布局中，他不但沒被撤換，反而高升當了一級單位主官。

從此以後，屢受貴人拔擢，一帆風順，扶搖直上，最後升到院
裡的首席位置。可惜在頂層僅幹了幾個月，便因補稅案下台。只差幾
年，未能達到屆齡榮退，很有點可惜。

因為當官有很多好處，所以大家都想當官。這是人之常情，很
自然的現象，沒有什麼可怪的。以上兩節記兩位先生的好運命，只是
任意取用這兩個例子來說說過往曾發生的事實，沒有貶意。我懷疑有
多少人遇到類似的機會，會主動放棄。不放棄，上了台也就是做官而
已。倘若有人認為此類現象的存在是用人的一種瑕疵，那必定是由於
在每一道用人的關卡都沒有客觀公正的評估審核程序，都是掌權者一
人憑私意做決定造成的。如此這般，日久就會形成所謂派系，對於公
務有害無益。改變這種狀況之法，或許要從健全制度和豐沛人力資源
等方面做起。

另外，在本篇中如果我還會說到我曾見過的什麼"缺陷"，大
概也都應作如是觀。換言之，缺陷的發生，不一定要怪當事人，應該

怪防弊的方法執行不夠徹底或者方法本身不夠健全。因為在一個團體裡，你不可能希望每個人都是聖賢。

閒話說完，書歸正傳。

盡心為長官服務

大約在1983年初，所長叫我去他辦公室一趟。我問他有什麼指示，他說副總長家裡有一台RCA牌的電視機壞了，他要我派人去幫他修理。當時軍人待遇菲薄，即使官位高為副總長，生活也不是席豐履厚的一流。他或許認為中科院飛彈、火箭都造得出來，修理電視機一定是易如反掌，這麼一來，他就可以省下幾個錢。

我知道這不是一件很簡單的事情，因為我們沒有這方面現成的技術，臨時鑽研，必定要花不少功夫。於是就派了二位電子電路工藝很好的官員乘公家派的車子前往，到了現場一看，果然不知從何下手。於是他們就把機器運了回來。抬到實驗室，我又請通信組的呂組長派來二位電子電路的高手幫忙。弄了大半天，還是找不到問題出在什麼地方。我告訴所長這個情況，他出了個主意：把機器送到桃園街上的電視機行去修，用公費報銷。我又派人把機器運到桃園。不巧電器行的技工放假，耽誤了三、四天才修好，費用不算高，共2,500多元。當時的所長，顯然是為了要達成替長官服務的目的才這麼做的，不知他有沒有想到其他方面的問題。

有人說，清廉的官吏是一個現代文明國家必備的要件。目前的台灣，離這個目標好像還有一段距離。為什麼呢？因為近年來，我們有總統、立法院長、行政院秘書長、部長、調查局長、縣長、市長、鄉長、立法委員、議員、校長、教授，以至法官等等，都曾因不當佔用公家的錢財，或營私舞弊，而身繫囹圄，有的則逃亡到國外。前幾年，連搞國防科技的中科院，也有一位院長不知是為什麼佔了公家的便宜，被判刑坐牢，真是令人匪夷所思。

貪汙舞弊本來是在貧窮落後國家裡上演的戲碼。當下我們的生活水平算是很進步了，但貪腐之風，依然不減，實在是一件很奇怪的事。從前大家認為採用落伍的舊式教育，無法遏止官吏的貪瀆；後來實施現代化的法治教育，結果竟仍然教出上文說的那一大堆貪官汙吏。到底要祭出什麼樣的奇法妙術，才能使從事公職者，人人清廉自持？希望這不是一道無解的難題。

採購儀具無限制

在中科院剛成立那些年，因為國家的外貿起飛，政府稅收增多，所以經費充裕。院裏有些單位對於儀器、設備的採購，幾乎是任意而為。買來之後，有時派不上用場，也沒有人追究責任，就閒置在那裏，年復一年，等到報廢為止。譬如我在前節提到的離子植入機，這種機器本是半導體工業用的一種生產工具，中科院不生產半導體產品，買此物何用？但是花數十萬美元買來之後，閒置在那裏，買的人一點責任也沒有，後來還升上大官。像這類的情形，也許並不含有舞弊的因素，只是沒有人去監管。不錯，監管是在本篇開頭就曾說到的一個保證單位運作成功很重要的條件。在集會時，長官常說他自身的工作是監督管理，不知這類的流弊，怎麼沒有管理好。

政戰部門曾想以監察的名義出面干涉，但他們不容易找到地方下手，因為科技和他們的專業相差頗遠。這種現象的發生，應該說是由於以組為基層研發單位造成。而組的數目眾多，組長的品格、能力不見得都像在本篇開頭所希望能設定的那般理想，所以差失就難以避免。

　　成立太多組，不僅在某些組內有人無所事事，形成人力的浪費，更是儀具採購浮濫的主因。一般小型電子儀器，如示波器、計數器、三用表之類，每一組差不多都是沒有限制地在買。大型儀器買的也不少。由於各組常抱持山頭主義，互不通有無，你買我也買。像網路分析儀、頻譜分析儀、高頻（脈衝）示波器等昂貴的電子儀器，不知買了多少部。買回來的各種儀器，就由我們儀器組做接收檢驗，四、五個人，日夜（加班）趕工，還忙不過來。因為沒有人能說不買，反正中科院是不計成本效益的國防研究機構，編了預算不買，預算沒法消化，負責人還要受處分咧！倘若起初在所之下成立不同性質的實驗室，儀器、設備全所共用，這種重複採購的現象應該可以減少。只是當時要這麼做，大概難度蠻高的。

　　那時推銷電子儀器的是惠普（HP）公司，該公司做的差不多是獨門生意。中科院的成立，這家公司真是發現了天賜的巨大銷售市場，賺的錢太多了，可惜我這裏無法提出一個統計數字。惠普公司天天派二、三人進入中科院，名為服務，實際上當然也推銷該公司不斷研發出來的各種新型儀器。像柯文昌、黃河明等人都是中科院的常客，他們西裝筆挺，禮貌週到，請他們提供資料，有求必應。他們先後都升為惠普公司台灣分公司的總經理，後來還變成台灣社會上很有名的人士。

　　在電子所工作的許多人，前後歷經過四任所長，都由海軍機校電機系的學長、學弟先後接任。從籌備處時期算起，總共有近二十年，大家都記得他們的官升得很快。所裡給我印象較深刻的一人是控制組的韓光渭組長，韓是一位有實學而又肯實幹的人物，他讀書用功的程度，無人能及。有一回他和幾位同事去日本出差，那次我也因公到東京,我們住在同一家旅館裡。在星期假日,大家都出去觀光遊玩,只有他一個人留在旅館裡閉門讀書。黃代院長來院後,由他主持雄風二型飛彈研發計畫,就很成功,只是像老韓這樣的人太少了。

黃代院長

如從籌備處時期算起,中科院成立了十七、八年後,主要的武器只做出一種還不太成熟的雄風一型小飛彈,績效算是很差了。在1982年年底,黃孝宗先生開始做中科院的代理院長,院裡的研發工作才漸漸地走上軌道。

黃早年從武漢大學機械系畢業,後來到美國留學。學成後,在美國NASA等航太機構工作過很多年,對於國防武器系統的研發,有豐富的經驗。他從美國退休之後,由時任金屬工業發展中心總經理的齊世基(他在武漢大學時的同學)介紹給李國鼎,李再推薦給當時的國防部長宋長治。宋先安排他到國防部科技顧問室擔任顧問,同時讓他抽時間去對中科院的狀況作了解,接下來再做代理院長。

黃代院長對中科院最大的貢獻是建立了武器系統研究發展的制度,其中包括系統工程、計畫的整合還有評審制度等。所有研發項目都要做成一個計畫,計畫有主持人,並且把主要人力從組裡轉移到各計畫下面(名為矩陣式編組)。而每一計畫有評估、有管制,循序漸進,以達到研發目的。他來之前,這些觀念中科院並非全然沒有,但都不成體系,所以績效不彰。遠來的和尚會念經。他到院以後,有幾個計畫如天弓(黃最早介入的研發計畫就是天弓)、天箭、雄二等都有長足的進步,在數年之內就做出很好的成績。

因為黃氏沒有"班底",等於是隻身來院,照我們社會常有派系的風氣，必須要得到上面有力的支持，他才能做事。當時院裏好像曾為黃來代理院長搬開過"幾塊石頭"。不過即使上級支持，黃先生在院裡也不是一帆風順。有一回在我也參加的公開集會上有人當面嗆他。更有一位電子所的海軍組長曾向最高當局告他，舉出很多"證據"，說他貪污舞弊。告狀的人曾把他寫的狀子拿給我看。這次告狀似乎對黃沒有什麼影響，他又幹了好幾年，到1989年底才離開。

在黃代理院長期間，郝柏村兼任院長。如果說唐君鉑先生並不十分了然發展國防科技的工作，郝柏村似乎還不如唐先生。但是他有很高的權勢，任何措施好像都是對的。郝兼任院長時，為中科院晉升了許多少將、中將和上將，這和發展國防科技應該沒有什麼關係。有人說是國家名器的濫用。其負面效應則是驅使非常優秀的飛彈研發人員離職（後面會提到）。沒有在領導和研發工作上做出貢獻的人，不斷地高升，而自強不息努力執行計畫者卻未受到較多重視。研發的成績是靠執行研發團隊做出來，這和將軍帶兵打勝仗，功勞全由將軍受領的情況不同。高層好像不曾考慮過兩者的差異。

從安全處到政戰部

部隊裡設置政戰單位，大概於1950年前後就開始了。那是針對在大陸時期，部隊幾乎全被敵方滲透、分化而致全面潰敗所採取的措施。第一任總政戰部主任是蔣經國，以後有王昇等人。

中科院既為軍隊組成的型態，當然少不了政戰部門。在隸屬於國防部期間，政戰部的名稱是安全處。那時政戰工作比較單純，主要是負責推動黨務，還有每週三或六上午宣讀蔣介石總統的訓詞，其他活動很少。當時中科院長由台大校長閻振興兼任，軍中的色彩較淡，目

171

的據說是希望能吸引社會上學理工的青年來院參與研發工作。

到1982年年底，郝柏村兼任院長，黃孝宗代理院長，安全處變為政戰部，政戰人員才開始大量進入院中。

此一改變，傳說和黃是外國人來當院長有關係，不知確否。

政戰部在石園醫院旁，蓋了一座很大的中正堂，堂內設有餐飲部、圖書館、運動場所。全院各一級單位都設立了政戰室，政戰活動逐漸變多：除了全體員工週六收看中華電視台播放的"莒光教學"外，還有月會、週會、安全防護會、榮譽團結會、保防講習、軍紀教育等集會，經常舉辦。舉凡部隊上有的活動項目，中科院差不多全有了，不過各單位大都是派代表參加。那時因為經費充裕，特殊的集會在開完之後，常發飯盒。另外，有些娛樂活動，也是由政戰部主辦。政戰部主任的編階是中將，和院長可以平起平坐。主任曾經更換過很多位，據說那是因為有許多人都想到這個位子上來佔缺晉升中將之故。

有兩位政戰主任曾先後找過我，希望我能幫忙他們辦事。第一位好像姓李，在1983年間，他請我參加他們政戰部的"監察"工作。他說院裏有很多弊案，都和科技有關。他們政戰人員不大懂科技，希望我能到政戰部上班，幫助他們。我以我的興趣完全在科技方面，並不適任監察工作為由婉拒。我並且說：這類人手到各研究所尋找，應該不難找到。我當儀器組長時，另外一位主任找我設法阻止各單位亂買儀器設備。因為有人向他報告，儀器設備買得太浮濫了。我說他們每年編列採購儀器的預算，都是呈報上級核准的，我們怎麼能阻止大家購買？我說我也是亂買儀器的受害人。我們組裏專責的有三位先生一位小姐，為了辦理新到儀器的接收檢驗和分類登帳，天天晚上加班都忙不過來。阻止亂買儀器設備恐怕要從審慎編列預算著手，才能奏效。

　　因為經費沒有問題，政戰部每年的預算大概都很充裕。所有政戰人員除了本薪之外，聽說也有加給可拿，做事都很努力。他們對人非常謙虛，我和多位政戰朋友常有業務上的往來，大家相處和睦。

　　黃孝宗先生代理院長期間，他認為各項政戰活動佔用了太多工作時間，曾不以為然。但他始終不能減少這類的活動。

差一點當了雷達組長

　　在1983年二、三月間，我的朋友李棣恕博士向所裡推薦我去做雷達組長。李是海軍官校畢業，體格魁梧，軍校畢業後做過艇長，曾考取過國軍政士，是做將軍的適當人選。但他也有讀書做學問的潛力，先後兩次去美國留學，分別拿到碩士和博士學位。他的博士是在伊利諾大學念的，我在上一篇中曾提到過。他研究的領域在電磁波方面，和我的專長很相近。因為推薦沒有成功，後來他對我說他深感負責人的私心太重（李後來不久離開中科院，去退輔會工作）。

　　其實老李說負責人私心太重，這句話也許還值得深究。真正的情況是負責人曾同意（雖然不見得很樂意）我出任雷達組長。後來的改變發生在一位年輕的副研究員莊憲民博士身上。莊憲民原來是從民間大學畢業，後來進中正理工學院的碩士班，念的是工業工程一類的學科。但他是很聰明的一個人，後來中科院送他出國去讀書，他進位於安那堡的密西根大學，追隨有名的微波教育權威哈德（G. Haddad）做研究，並且獲得博士學位。這是很難得的一個研究人才，但那時電子所的高層人員似乎沒有人注意到莊憲民這個人。汪昌瑤博士曾對我說過雷達組、天線組沒有什麼人懂得電磁波，那也許是較早的情形，自從莊憲民從國外回來之後，就不能這樣說了。

　　雷達組原本是一個組，要我去當組長是準備把這一個組分成兩個組。分出去的部分叫做空用雷達組，莊憲民正在進行的研發工作是屬於空用雷達項目，他必須歸屬空用雷達組。這時空用雷達組長已經發佈，是一位姓李的海軍機校校友。但李君是一個崁崎磊落的直人，他自承完全不懂電磁波和數位訊號處理，而這兩項都是雷達的基本技術。

　　就在這個時候，莊憲民聽到了風聲，知道我要接雷達組長，他立即跑到我辦公室來說要和我一起工作，不願去空用雷達組。我記得那天早上下大雨，他走進我辦公室時，衣服和背包都被雨淋濕，非常狼狽。我對他說，我的命令還沒發佈，我無法決定任何事情，你有意見可向負責督導雷達組的副所長反映。他去找了那位副所長。該副所長也曾找我去談過一次，沒有談工作，只是淡淡地打個招呼。可能是因為他原本並不樂意我到他手下做雷達組長，現在一聽莊說堅持要和我在同一組工作，立即釜底抽薪，把送到文書組去打字發佈我當組長的公文抽了回來。順理成章不要我做雷達組長了，接著發佈另外一個人當了雷達組長。事情如此決定後，當時的所長把我叫到他辦公室對我說：副院長講，儀器組非常重要，你還是留在儀器組好了。這話就像騙小孩一樣，我聽後差一點笑出來。其實我心裏老早有數，接雷達組長，我並不知道我是否會做得很快樂。不過這項工作在本質上我是比較喜歡做的。

　　後來那位剛發佈的空用雷達組長李君對我說：他實在不願作掛名的組長，打算離開中科院，去新竹國科會的精密儀器中心上班。不久他真去了那裏。但是也有一位主管電子戰的組長（該組因為電子戰受參謀本部的重視，每年的預算大概是全所各組中最多的），他認為能登上組長的寶座，機會難得，並言他組裡不會任用學識、能力比他強

的人，因為那會威脅到他自己。大家都曉得這位先生對電子戰並不知
道ABC。和李君相比，正如俗話說的：人心不同，各如其面。

當時的負責人為什麼喜歡找外行人做組長呢？據所裡我的一位
海軍朋友告訴我因為他的小孩已送到國外去讀書，他希望能經常去探
望。而雷達、電子戰等組的預算多，可以常常利用寬裕的經費隨便找
個名目去出差，以達到探視子女的目的。同時也有傳說另外一個緣由
則是因為持有美國綠卡，必須常回美國報到。李博士說的私心太重，
或許可以在這裡找到真解。

做官應以和為貴

在早年，做官好像不一定要有什麼能力，只要有人給你官做，你
就可以做官。但是要想長長久久保住官位，有時也並不見得一定要靠
出色的政績。只要沒有差錯，往往也可以在一個官位上做許多年。

不過官場上，無論大官小官，最忌吵架。吵架之後，氣也許出
了，但常常官位不保。這樣說是有根據的。在天弓計畫成立初期，本
來由電子所的一位組長做主持人，機械所的一位組長做副主持人。這
位主持人個性略顯偏執，平日對人講話語言比較粗糙，為了一件小事
他和副主持人大吵一架。結果這件事有人密告到上級去。上級的裁定
是主持人倒楣，被更換掉，他佔的少將缺也跟著被撤銷，對他個人而
言損失算是慘重。下來之後，他又在院內徘徊了一段時間，最後選擇
離開中科院，遠走他鄉，移民去了外國。接著副主持人被扶正當主持
人，過了一段時間，晉升為少將。

無獨有偶，我忘了是什麼原因，當時電子所的所長又為細故和天
弓計畫的主持人吵了一架，兩人都弄得灰頭土臉。像上次一樣，這次

吵架又有人報告了郝柏村（兼院長）。這位所長在一次餐會上向大家透露說，因為吵架，他和天弓主持人都受到郝柏村的當面申斥。本以為雨過天青沒事了，想不到過了沒多久，電子所的所長也被令下台。這位所長上台時，還專程去請了風水師來安置辦公桌的方位，打算官位永固。不料只幹了很短一段時間，就被下令離開電子所。因為他是所長級的高階主官，下台後在院裏並不容易尋得適當的位置安插。後來這位先生找到一間私立大專學校去教書，職位是副教授。因為沒能升到教授（學校規定教授可延長服務年限），只教了很短一段時間便退休返家。為了一件公事，和人針鋒相對，結果被迫更換工作，實在很不值得。

所以合理的結論是：做官的人不宜吵架，吵架很有可能會丟官。除了不吵架，單位也不能出事。一出事，主官很少有不下台的。反之，如果你的官運好，年年風調雨順，國泰民安，即使你不請風水師來勘查風水，同一官位也往往能夠做到長長久久，說不定到屆齡才退休。

誠實是最上策

大約在1983年，聯勤請中科院電子所推薦一人去擔任電子廠的廠長，少將編階，地點在新竹縣的新豐附近。所裡指派了一位具有國立大學碩士學位的組長前去任職，這位組長去了不久，便升上少將，回到院裡來辦事，令大家刮目相看。那時因聯勤具有碩士學位的人不多，大家都認為這位廠長前途看好。

可是過了不久，該廠遺失了一具"保密器"，那是一種軍中用的通信裝備。有人拾到這具保密器，拿去交給了當時的聯勤總司令溫哈

熊將軍。溫是一個極聰明的人，他想利用這個機會測驗一下素昧平生的
電子廠長處置事情的能力，便打電話給廠長說有人向他報告，廠裡遺
失了一具保密器。廠長當時承認確有此事，不過廠裡正在派人尋找。

　　過了幾天，溫再電詢廠長，廠長謊稱已經找到了。這個回答，使
溫大為光火，認為該廠長睜著眼睛在欺騙他，覺得此人不可用，幾乎
是立即下令把他換掉。

　　外國俗語說：誠實是最上策。果然不假。

　　這個故事是電子所通信組呂組長說給我聽的。後來有人講：由於
廠長對屬下太苛刻，他是被人設計陷害的。詳情就不得而知了。

任圖書館長

　　在1984年，中科院圖書館館長退休，計畫處找我去接任圖書館
長。我說我不懂圖書館學，他們說大學裡的圖書館長都由教授兼任，
教授也不懂圖書館學。這時我已做儀器組長七年，工作平和順利，再
下去大概也就是這樣。更由於我喜歡看書，做圖書館長等於坐在書城
裏，隨時有書可讀，不亦快哉！

　　於是我就離開電子所，到圖書館做了館長。我離開時，儀器組的
同仁要為我舉辦歡送會。我請他們花二十元錢，買一本簽名冊，每人
簽上名字送給我，就是很好的歡送方式了。不過他們還是送了我一些
小禮物，外加一本簽名冊。這個名冊，我至今都還保存著。

　　中科院的圖書館，當初是和建商議價而不是招標建造，為的就是
確保超水準的規格和品質。這棟地下二層、地上三層（書庫區遠多於
三層）的宏偉建築，在當時大概是全台灣最有規模的一棟圖書館（那
時台北中山南路的中央圖書館尚未開始蓋）。中科院因為有錢，科技

藏書豐富，全世界重要的英文科技期刊，差不多全都訂齊了。那時因為還沒有網路，許多重要期刊，都花大錢，從第一卷第一期全部蒐購回來。其實中科院不做基礎學術研究，蒐購這種back issue的紙本數理期刊，也是一項錯誤的投資。

我做儀器組長，用的是大同公司製造的辦公室傢俱。桌、椅、櫥櫃都很漂亮，桌上是掩蓋全桌面的大玻璃墊。來到圖書館位在三樓寬敞、明亮的館長室，覺得更有氣派了。我接前任來做館長，不需要添購任何什物，可以說"坐享其成"。

當時中科院的經費充裕，連文具紙張都是到台北文具公司買最好的。然而有部隊上的朋友對我說：他們隊上辦公，連十行紙都買不起。由此可見政府對中科院的優遇和寵愛。

我在儀器組的工作是外行領導內行，到了圖書館更是外行領導內行。雖然對於利用圖書館我有很多經驗，但是對於圖書館的專業工作，並不熟悉。不過館裡有數十位圖書館系畢業的先生、小姐，他們包辦了所有這方面的工作。

我的助手，副館長，袁守香小姐也是圖書館系出身。對於館內工作的督導她負全責。我的工作只有參加院內和圖書館相關的會議，這種會議的次數不多。其次是參加院外各圖書館的館際合作會議，每月一回。另外，有時會被邀請參加院內研發工作的評審。

在圖書館上班的那段時間，經濟部出版了一份名叫"今日經濟"的期刊，主編王福來先生曾找我為他們寫稿。我從歐、美新出版的科技刊物裡找材料，介紹科技新知。另外，中科院曾出版一份"新新季刊"，主編也找我寫過文章。有一段時間，國語日報也找我寫過稿，我曾為他們寫了不少短篇。做這些事，並沒有什麼特別目的，唯一的理由可以說是我的閒暇時間稍多而已。

　　館際合作會議，每月開一次，北台灣的主要大學和研究機構的圖
書館都派人參加。照約定由各館輪流召開，但大多數的會都去中央圖
書館或台大圖書館開，有一次還遠征到台中東海大學去開會。中央圖
書館長王振鵠先生，他是帥大的教授；台大圖書館長陳興夏先生，也
是圖書館學系的教授。開會之外，有時也聚餐，我們輪流請大家，不
過中央圖書館王館長請客的次數最多。那時的中央圖書館目前已改名
為國家圖書館。

圖書館的自動化

　　圖書館是計劃處下面的二級單位，計劃處在院裏是和所平行的一
級單位。圖書館利用電腦自動化的案子，在我來館之前一年多就和外
商訂約開始執行了。當初簽約的大概是處裏一位過度勇於任事的負責
人。他在完全不懂圖書館自動化的情況下，又沒和館裡懂自動化的人
員商討，就貿然和CDC公司簽下合約，為期二年。CDC公司派了二
位計算機程式設計師到中科院上班，撰寫程式。我當館長一年之後，
合約到期，自動化系統恰巧由我接收。

　　驗收之前，CDC公司高層常有人來拜訪我，和我溝通。不用
說，他們希望我到時簽字接收，讓他們儘快拿到錢。CDC是一家大
公司，中科院的大型電腦全是向該公司購買，他們賺中科院的錢恐怕
不比惠普公司少。該公司的機器在全世界以數值計算聞名，對於資料
處理，如圖書館自動化，卻非其所長。做出來的自動化程式經過我們
館內自動化小組同仁的反覆測試，都沒法過關。有的畫面要等數十秒
之久才會出現，我根據這一點，拒絕驗收。

　　後來CDC向院裡上級長官報告，上級在了解狀況後，曾由一位

副院長主持開協調會。我在會中堅持畫面出現的時間太慢，我們沒有辦法接受。CDC要求再給他們兩個月的時間，他們一定會修改到讓我滿意。就這樣決定了。

浪費金錢不說，我因不願留下罵名，讓未來利用圖書館的人都罵我。不到合用的程度，我絕不會簽字接收。後來延長了還不只兩個月，但仍然不行。CDC這筆生意沒有做成，當然會不滿意。有一天，公司的一位經理到圖書館來，他對兩位程式設計師頗有微詞。我曾替兩位先生辯護，並對他說：「你們CDC在中科院快賺翻了，少賺一筆也OK啦！」。接下來這個案子，好像就不了了之。最後中科院的圖書館自動化軟體和CDC應該完全沒有關係。

參加品保去台中工作

大約在1985年，中科院成立了一個新的一級單位：品質保證中心（簡稱品保）。負責人葉若春博士請我去參加品保工作。葉先生是一位待人溫厚而且極好相處的人，他找我去當助手。於是我在1986年9月，把圖書館長的職務交給原子研究所的葉琨博士，就去了品保。品保當時以學工業工程的人居多，純粹品保科系出身的人很少。我對品質保證雖然不能說完全外行，但是也不算內行。過了一段時間，葉先生屆齡退休，我則被派到台中去工作。

在1970年代，美國不出售F-16戰機給台灣，後來決定支持台灣做IDF。到1983年初，政府就把台中航發中心改隸中科院，開始做IDF戰機的安翔計畫，並且由黃代院長當主持人，但他必須在龍潭上班。實際上，台中工作的總負責人是航發中心主任華錫鈞。華主任向黃代院長要求由中科院品保單位負責IDF戰機的品保工作，結果這工作就落在我身上。起初，我每週乘車去台中一、二次，和那邊的品保人員討論有關問題，討論之後再乘車回龍潭。後來因為常常要參加會議，我就常住在台中。每週三和週六各回台北一次。

因為需要，我有時住在水湳的航發中心本部，有時住在清泉崗基地。辦公室位於航發中心新蓋的安翔大樓頂樓。我手下負責戰機各部分品保工作的有葉柱熙組長、宗志偉組長、章台興組長、陳震組長、趙定業組長等人。他們全是官拜上校，每個人在空軍都工作過許多年，對於戰機很熟悉，也具有大學以上的學歷，實是執行航空品保的生力軍。

憑良心說，這群年輕的空軍軍官對於飛機品保工作了解的程度可能都比我強，而且階級也夠高，實在沒有必要把我這個老百姓（這時我已改為聘任文職）找到台中來 "管" 他們。華主任要院部的品保單位負起航空品保的責任，恐怕是高估了那邊在航空品保方面的實力。

航發中心在隸屬中科院之前，本來是完全採行軍事管理，改隸後並沒有什麼變化。各單位的主官和主管全是軍職，大概只有負責品保的我一個人沒有軍人身分。我在台中的任務只算是品保的代表人，主要是參加各種土、洋會議（有些會是和通用動力公司（General Dynamics, G.D.）的洋人開的），工作沒有壓力。辦公室有秘書小姐負責處理所有文件。他們弄妥之後，會交給我過目，我蓋個章，然後就有人分送出去。我在航發做的一些事情，我自評沒有什麼難度，很多人做，都可以勝任愉快。航發那時號稱 "做" 戰機，但飛機上真正是自己做的部分很少，主要的關鍵項目都是現成的。

這時候鄭昌敬博士已離開空軍，在逢甲大學電子系做系主任。他請我去兼課，我利用晚上時間在逢甲電子系教了好幾年。

在台中待了將近四年，我和上述多位年輕的組長，像朋友一樣，相處融洽。到1990年，我寫簽呈給華錫鈞。我對他說我想把我母親接到台灣來奉養，同時推薦宗志偉負責航空品保，請他批准我返回龍潭。他欣然應允，並謝謝我這幾年的幫忙。

我離開時，由宗志偉上校接我的工作。我認為一開始就由他負責航空品保，恐怕會比我做得更好。不把對的人擺在對的地方，可能是早期中科院內（至少在某些我工作過的單位）的一個通病，致病的原因當然很複雜。

關於IDF戰機

為什麼要做IDF戰機？一般的了解是當時美國人不賣F-16戰機給台灣，但支持台灣做IDF。詳細的決策過程，好像沒有公開的文獻可徵。很多人都說IDF的引擎推力較小，顯然無法和同類型的機種比較。但是戰機的優劣，不能只靠推力一個因素去斷定。事實上，沒有實戰紀錄作依據，很難評定一種現代武器系統的良窳。所以任意說IDF比某種戰機強或差，都是臆測之詞。早年政府花大錢做這種戰機，也許還有其他方面的考慮。這不是本節要談的主題，本節要說的是作者在IDF建造過程中所見的一些事實。

我在台中好幾年，經常要參加有關IDF的各種會議，也曾去美國德州的渥斯堡市（Fort Worth）看飛機的設計，並且到亞歷桑納州的鳳凰城（Phoenix）去了解發動機的生產情形。因此對IDF戰機的來歷有一些粗淺的了解。

IDF是由當時的G.D.公司設計，但不是在該公司裏面。他們為了防止技術機密外洩，特別在渥斯堡市的荒郊野外蓋了一處簡便的工廠，設計工作就在這廠內完成。我在此停留過十幾天。發動機是由鳳凰城一家名叫Allied Signal公司屬下的Garrett廠製造。這是一家製造小型商用飛機發動機的工廠（F-16用的發動機是由大廠Pratt-Whitney製造）。安翔計畫出錢，由Garrett研製IDF用的發動機。安翔計劃下面成立了一個名為"雲漢"的子計畫專門負責處理發動機事務。和Garrett廠名為合作，但是他們為了守護技術機密，根本不准台灣派去的人進入生產工廠了解生產過程。差不多可以說只能在外面等候接收成品，運回台灣。我以品保人員的身分去該公司，也是不得其門而入。我們出了全部經費，名為合作案，最後幾乎是僅能看到成品而已。實在可憐！

戰機分為機身、起落架、數位操控系統、逃生彈射系統和戰鬥系統（avionics）等主要部份。IDF除了機身部份有一些簡單組件由航發中心生產，全部都是外購的，而組合裝配則由G.D.公司人員指導協助。G.D.公司派來的人員大都已從該公司退休，為了IDF，又被公司召回，來台灣幫忙。這班人到台中後，都住在當地唯一的一家五星級飯店裏，不用說全由航發中心埋單。有關品保部份，也有五、六個人。這些人都非常和善，有的年紀已很大了，不過他們都很喜歡吃吃喝喝。我們品保的組長對台中地區較熟，經常帶這些洋人去梧棲港吃海鮮、去台中街上吃蒙古烤肉、去鴨子樓吃烤鴨。用航空品保室的名義請這些人，然後報公帳。

在IDF生產工作告一段落後，因為接下來經費減少，有人就離開航發中心去找工作。媒體上說我們製造戰機的專家紛紛流失，呼籲政府趕快設法挽救。事實完全不是這樣的。所以媒體的報導，有時盡是皮相之談，卻常常會誤導大眾。

還有IDF這個名字，DF代表防衛戰機，I是英文字indigenous的縮寫，意為本地固有的。如用"自製率"一類的標準去衡量，IDF的自製率應該不高。故意取個本土固有的名字，用意也許是在鼓勵員工的士氣。

名實不符的祭拜

這是一個很可笑的故事。早年在大陸上，中國的戰機都是向外國採購的。我聽空軍的同事說：對日戰爭時期，空軍曾成立發動機廠。廠址設在貴州省大定縣的羊腸壩地方。該地有一山洞，名為烏鴉洞。據說機器、設備就安置在洞中。有一次蔣介石去視察，他見所有的發動機都是外國製造的，很有些感慨，便提筆寫下一句勉勵全廠員工的話："我們發動機何日可以完全自製"。當時廠裡就把這句話做成一塊匾（見附圖），安放在員工都能看到的地方，作為警語，要大家好好努力。

後來撤退到台灣，那塊匾上的話被改成一條橫幅，掛在大岡山下發動機維修廠的門上。目的也是鼓勵員工自立自強，讓廠裡的人都以有朝一日我們自己能製造發動機自勉。

上面說過，IDF戰機的發動機是由美國Garrett廠，就他們原有製

造小型商用飛機發動機的技術，再拿航發中心的經費，加以改良做成。由於該廠在技術方面摳得不得了，台灣的工程人員連發動機是怎麼製造的，都不曾看見。可是當第一台發動機運回台灣時，卻先抬到慈湖蔣介石總統的靈堂前去祭拜，有眾多文武官員參加，當時媒體還曾報導了一番。聽說祭拜的目的就是要告慰他當年的期許：我們發動機何日可以完全自製。

這真是一個"名不符實，莫此為甚"的笑話。發動機是有了，但的的確確不是我們自己製造的。雖然這已和當年在烏鴉洞時期用的機器不同，但獲得的方式還是絲毫沒變：仍然由外國人製造，我們花錢買回來。拿買回來的機器去祭拜蔣介石，也等於是睜著眼睛在欺騙他，不過好在他已不知道了。

一種特殊的文化

國防武器的研發，也是一種文化，一種特殊的文化。世界上能擁有這種文化的國家，大概只有一打左右吧？其中的大國，如美國、蘇俄、中國之類，我們沒有辦法和他們相比。但是像以色列一類的小國，倒是很值得我們借鏡。以色列在很多方面，條件大概都不如台灣。但他們有高明的領導人，他們的決策有遠見，所以能成大事。像他們的Israel Aerospace Industries（IAI）公司，在1950年前後成立，到今天不知完成了多少重大任務。值得注意的是他們以公司的型態運作，排除了個人之間官位競逐，或者無能的長官害怕有能的部屬威脅到他的官位一類的因素，研發工作才會有效率。大約在1995年，台灣開始發展人造衛星，招國際標。我參加審標時，看見IAI也是投標者之一，由此可見他們的實力。

　　反觀中華民國成立國防武器研究機構，中科院並不是第一個。像早年位於台北市濟南路的兵工研究院、台中的航空研究院，都是為發展國防武器而設的研究機構。但這些機構從開始到結束，經過許多年，養活過很多人，當然也花了很多錢，好像都沒有對強化國防武力做出過什麼重大貢獻。因為這些研究機構的成立，可能都沒有經過縝密的規劃，可以說是目的熱而方法盲。也許是經由說得上話的人向層峰提出一番說詞，也許是層峰個人一時興起，就大張旗鼓地幹將起來。經過長時間的考驗，最後幾乎一事無成，結果是關門大吉。誰也不需要對這種事負任何責任。

　　之所以會這樣，很多人以為根本原因是國家沒有持續培植和羅致過這方面的人才，根本不重視或者沒有遠見考慮到這一塊的文化。

　　從前蔣介石先生做總統，大約在1960年稍後，有一位武器專家從美國來台訪問。當時有人建議請這位專家擔任陸軍理工學院的院長，蔣召見他。談話中，蔣問那位專家是什麼時候去美國的。專家說他在1948年到美國讀書。蔣一聽這人不說民國多少年，而講1948，認為他的意識形態有問題，當即決定不予考慮。這個故事是我的朋友呂教授親口告訴我的，當時他正在該校任教。請問我們有這樣的領導人，哪裡會有人才（大家都知道蔣是草莽出身，沒有接觸過現代教育。據李敖考證，蔣號稱日本士官學校畢業的學歷都是假造的）？所以中科院成立之初，等於是從頭摸索做起。

　　我這裏說的，以至於在本書裡所提到關於中科院的事，都是早年的情形。自我退休離開中科院已快二十年，從來沒有回去過。目前進步的情形，我並不知道。所以我對過往的評述，和現在的中科院完全沒有關係。

記唐君鉑院長

　　中科院在籌備處時期，負責人唐君鉑先生主張派人去美國修讀博士。那時候，美國麻省理工學院電機系教授朱蘭成回到交大來講學（朱是早年上海交大畢業），被中科院聘為顧問。朱認為沒有必要派那麼多人去修讀什麼博士。但唐先生認為中科院的人如果都沒有博士學位，就和三軍中的技術單位一樣，沒有理由提高待遇。不提高待遇便招不到人才，招不到人才怎麼成立中科院呢？所以他主張派人出國要以修讀博士為目標。這個做法，不知是否全無可議。

　　籌備處結束後，由當時的台大校長閻振興掛名中科院長，目的也是為了招募人才來院服務。實際的負責人仍是唐先生。唐氏是一位正人君子。他既不貪汙，也不舞弊，完全是一個恪守紀律的典型軍人。他曾任兵工署長，常務次長，後勤次長，陸軍供應司令等軍事要職。在武官將領中，說得上是"有聲於時"。大概上面是看中這一點，才派他負責中科院。實際上，那時政府中恐怕也找不到比他更精嫺於領導研究發展國防科技的角色。俞大維可能太老了。

　　唐先生是一個重視儀態的人，對人常是恭而有禮。說話面帶笑容，顯得和藹可親。他負責院務時，常在石園貴賓室（早年陳誠、蔣夢麟等人用過的辦公室）請中、外客人用餐，我有幾次被找去陪末座。那時唐氏大約六十多歲。吃飯時最常談的話題是保健方法。他自己大概常用心研究這方面的問題，無論是藥品、食物，他都講得頭頭是道。

　　倘若中科院是以公司的型態運作，由唐任董事長，他下面有幾個專業副董分別負責不同的專業研發領域，那可能會是很理想的組合。

但實際上他要負責全院各方面的事務，而他手下又沒有專業的得力人手協助他。所以有人認為他早年主導的某些重要措施，如全院的組織架構和薪給制度等，都欠高明。

唐先生雖然實際上負責中科院的事務多年，但到1975年他才繼鬪振興擔任院長。黃孝宗代院長在1982年來接替他時，他即退休離開中科院。這時他已七十多歲了。

唐氏在任職中科院期間，也常喜歡看書。我記得很清楚，他在圖書館新買的一本談愛因斯坦的英文小書上，把permeability這個字用鉛筆註成中文"透過性"。但在該書中此一部分講光的傳播，這應該是和磁場有關的一個物理量，中文好像譯作磁導率。

飛彈專家離職

研發雄風二型飛彈（雄二）的計畫主持人是韓光渭，他的副手是一位宋姓研究員。宋出身陸軍理工學院，曾去美國留學並獲博士學位。在雄二研發的過程中，他事必躬親，是工作極為用心的研發人員。我和幾位品保的同仁負責雄二的品質保證工作。每回到九鵬基地演習試射，都住在山上，一連多日。天天有機會和他見面、談天，我深深地感覺到他對雄二飛彈系統，從飛彈本身到發射架沒有一個零件不瞭若指掌。像這樣從實務一點一滴培訓出來的人才，中科院應該視為極可寶貴的"資產"，而給予適當的待遇，讓他在院裏繼續工作下去。然而，哪裏有這種理想的安排？計畫做完之後，沒有什麼重大貢獻的人反而都升了將軍，宋君仍然原地踏步。他心中大概覺得不平，結果只好選擇離開，去台北附近一家專科學校教書去了。真是非常可惜！

　　做武器系統的研究發展工作，對於參與員工的適當獎勵是很重要的。但這種獎勵必須做得公平，才會使提升員工士氣的作用產生加乘效果。怎樣才能做得公平合理，這應該是管理階層，也就是用人的領導階層，要細心研究的問題。獎勵不恰當，不但員工的士氣難以提升，可能還會產生相反的效果。像宋君的情形，就是一個明顯的例子。在1982年前後，有不少位我認識的很優秀的研究人員離開中科院，到南台工專（現在的南台科大）去教書。當時該校正積極地招募具有博士學位的教員，為的是替南台工專打響名號做宣傳。

品保的政戰室

　　我在前面說過，自從黃孝宗開始代理院長，全院各一級單位都有了政戰室，品保當然也有。因為品保的總人數沒有研究所的人數多，所以政戰室的人數也相對較少。但在室主任之下，仍有五、六個成員，分別負責思想、組織、監察、服務等各項工作，和政戰部的對應單位配合。室主任是現役上校軍階，其餘全為從部隊上退伍下來的老資格政戰人員。這些人在品保的工作不算很忙，他們對人非常客氣，但都很老於世故，對是非看得清楚。

　　有一段時間，政戰室主任是一位汪姓上校，他和他的部屬相處得不好。其中有多位常對我說他們主任的不是。我勸他們大家相處以和為貴，不傷大雅也就算了。但有些人很堅持，說他們主任愛貪小便宜。提到的話題有：主任家住新豐，自己開車來院上班，但要用出差的名義報銷汽油錢，每次二百元。政戰室常常召集有關人員開會，主任故意多訂購飯盒，食用不完，便自帶回家。又常用講習的名義，謊報餐費，說是請某些員工吃飯，實則並無其事。院慶時公家發給員工的園遊會券，主任拿去向來遊玩的員工眷屬換取現金。員工公差出國，主任常要他們收集外國硬幣，但從來不把錢歸還人家。…。這也許都是些雞毛蒜皮小事，但站在領導職位上的人，言行讓多數部屬看不起，實在是公家莫大的損失。由其領導部屬來執行任務，不但成效不會好，有時恐怕還有負面效果。可是一個人的行為習慣，並非一朝一夕塑成，也實在難以變更。

汪退伍離職後，來了一個羅姓政戰主任。相比之下，羅顯然是一個正直的人。此人不但公平無私，每次聚會，講話都很中肯，部屬對他也從無怨言。前後兩位主任相比，可以知道用的人對與否，是推動工作成敗的關鍵。如果所用非人，做許多事都不容易得到期望的結果。

我從政戰朋友口中，得知他們的工作有一項是"人員佈建"。這就是在各單位的成員裏找出一些可靠份子，讓他們負起觀察該單位各員工有沒有偏差言行的責任。若有，就暗中寫報告向政戰室反映。政戰室在逢年過節時，會發給這類佈建人員一個紅包之類，作為報酬。這使我想到我早年被記下許多"缺點"，差一點出不了國的往事。我的那些缺點，如"此人天天看外國書，思想有問題"之類，大概也都是透過這類方式被記下來的。

一位老好人主官

在中科院，我參與品質保證工作將近十年，這是在院裡，同一工作我做得頗久的一項。十年之中，更換老板的次數不多。開頭四年，我大部分時間在台中航發中心上班，1990年才回到龍潭。回到龍潭後，我繼續初進品保時的職務，為老板當助手。連同我，老板共有助手三人。我們老板最大的長處是平易近人，很好相處，他對人直言無隱，從來不擺架子，可以說是一個老好人。就是因為人太好，有時候，言語犀利的部屬會沒大沒小地嗆他。

老板喜歡開會，大小事他常召集相關人員到他辦公室開會討論。這種辦事的方式，大家早就習以為常了。除了開會，老板也喜歡做簡報。特別是上級有人來，他會帶一票人花很多時間準備簡報資料，文字一改再改，打字後裝訂得非常美觀，十分用心。

品保工作包含許多項目，有實作部份，也有宣教部份，基本上老板比較偏重後者。不過這也不算什麼大缺點。某些人批評他太偏重紙上作業，我比較不這麼想，因為任何工作都需要有人去做。

老板喜歡做紀念牌送人，台北市延平北路的永安銀樓是我們常去做紀念牌的地方。紀念牌上的題詞多為"功在品保"，"友誼永固"，"惠我良多"之類，視送的對象而定。很多人對此事不以為然，我認為並沒有什麼，因為所費無幾。比有些人動輒大批購買用不著的儀具、設備浪費公帑，好太多了。所以基本上我沒有意見。

有一次，一位對老板實在太好的長官退休，他覺得送牌子的分量已經不夠，想要送一個"聚寶盆"。因為聚寶盆的費用較高，老板在一次聚會上提議由與會的領導幹部大家共同出錢，馬上有人反對說：他對你不錯，你自己出錢就是了，何必要大家出錢？其實老板並不是出不起錢，他覺得大家出錢才顯得品保全體對長官的情深義重。為了這件事開過許多次會，我忘記此案後來是怎樣結束的，最後好像還是有些人沒有出錢。

前面說過，老板比較重視品保的宣教工作。他利用品保規劃組和品質管制組兩個部份的人力，來推動在當時品質界叫得震天價響的一種新觀念：全面品質管理，英文簡稱TQM。大概在1991年八月間，老板簽呈批准從美國一家公司，請了五、六個人到院裏來宣講

TQM。當時的做法是洋人來講，全院各單位按時派人到指定的地點去聽。全部課程有三天。第一天頭一堂課，各單位的人都到了，濟濟滿堂。可是第一堂課還沒上完，人就離開不少。接著每下愈況，聽講的人越來越少，到最後一天只剩下我們品保的小貓數隻。

過了幾天，政戰部一位新到任的熊姓主任來品保視察，我們準備向他做簡報。他說他不要聽簡報，劈頭就問：最近請外國人講演，有多少效果？老板一聽，對這個問題，有點摸不著頭緒，勉強說了個"百分之八十"。熊沒有理會，自顧說：那麼多人去聽講，每人每天的薪資是多少？大家聽不懂，白白浪費！有人向我反映，這個案子還在調查中。說罷，逕自去了，並不聽我們準備的簡報。老板跟在他後面送出大門。乖乖！這麼不給面子，大家都搖頭。還好，由於老板是誠心為公，後來並沒有因此案賈禍。

有一天，老板對我說，他想去行政院宣導TQM。後來不曉得是哪位長官阻擋，結果並未去成。不過我對老闆深信TQM在企業經營、行政管理各方面具有良好的功效一點，覺得非常佩服。因為他對這方面有很深入的研究。另外，老板也曾告訴我們：他要建議政府成立國家品質實驗室。但是，當他在一次由院內長官主持的會議上提出此案時，他說沒有一個人支持他，使得他有志難伸。我們幾位常接近他的人，了解他的心意，對他當然是支持的。

過了1982年之後沒多久，就有了1%考績居後人員必須離職的辦法，後來又因全院人數過多，必須精簡，因此年年都有多位不願離職的人被迫離開。由於事關個人權益，每個人在離開以前都會到老板辦公室理論，質問為什麼把他列入百分之一。拍桌子、瞪眼睛、甚至口出穢言，老板都要面對，真是難以應付。這類的事情，我們在他周遭工作的幾個人，也幫不上忙。

　　有一次，老板把工作場地做了新的規劃，打算要政戰室搬遷到他處，把房間讓出來。政戰室的人多數都是上了年紀的老翁，他們群起反對。為了此事，他們一同去找老闆"理論"。見了老板，政戰主任就說搬家的事很無聊。一位吳姓政戰官開口對老板說：有人要拿雞蛋來砸你的頭，是我為你阻擋住的。現在你恩將仇報，要趕走我們，…。此君言語粗俗，老板一聽，有點招架不住，就說：這件事我們再慢慢地商量，好吧？後來因為反對太過激烈，搬家的事也就沒人再提。主官雖有權，有時辦事也不是那麼容易。

　　還有一回，一位年紀較大的組長，聽說因為和其他單位的協調稍差，上級指示要老板換掉此人。老板是宅心仁厚之人，對於一位幹了多年的老資格組長，實在不忍心拔掉他的官位。但是上級交代的事，又不能不辦。結果只好趁該組長出差時發佈了更換組長的命令。出差回來的組長發現他已不是組長，就去向老板質問。老板委婉地對他解釋，但他終不能放下。不久，這位組長屆齡退休。老板為他辦歡送餐會，他不參加；給他做的紀念牌，他拒絕接受。難伺候啊！

　　對於很多問題，老板常以懷柔的方式處理，但也不容易。在較早時段，只因為有進修名額可用，往往沒有考慮需求，就利用這種名額送人去國內、外修讀博士。數年後，這些人念到學位回來，但已沒有缺額可以安插，只好暫且把他們放在空檔裏。這些人好不容易拿到學位，回來卻發現沒有可佔用的缺額，心中就會不平。個性平和一些的，自己去民間大學找教職，院裡各單位人滿為患，也沒有理由不准他們離去。個性較激烈的，就去找老闆"解釋"。也是拍桌子、瞪眼睛、大聲吆喝，老板只得好言相勸。因此許多事情辦起來真的是很困難。

　　當時老板在院裡是最老資格的一級單位主官。1995年院裡的一次高階主官變動中，老板有希望更上層樓，高升為執行長、副院長之類。

結果並未如願。官場就是這樣，升降全由他人做主。有什麼辦法呢？

品保工作原本配屬在各研究所，是黃代院長集中到一起成立了品保單位。黃約在1990年初下台，他走後，支持品保的人沒了。雖然又撐了好幾年，聽說最後品保工作還是又重回各所、各計畫。天下的事，分合無定。信然！

我在退休的一年多之前離開品保，去計劃策進委員會工作了一段時間，然後就告老離開中科院。

待遇不合理難以變更

我在前面說過，中科院成立之後，軍中有很多人都想進該院服務。但是真正去得成的畢竟只有一部份，其餘去不成的只好留在三軍各單位中工作。他們眼看自己在軍校的同班同學進中科院拿高待遇，而自己仍拿一般待遇，心中當然會感覺不公。但軍人講的是服從，故也莫可奈何。我認識在參謀本部上班的一位朋友，他知道他的同學在中科院計劃處服務，職位是副研究員，工作還不如他自己在參謀本部裡的工作更與科技有關，因為他在通電局承辦通信電子方面的業務。

在1982年，中科院隸屬參謀本部之後，就有檢討中科院待遇的聲浪由參謀本部傳到中科院來。指明的是計劃處（院部的幕僚單位）和設供處（負責向外採購和招標蓋房子一類的工作）都不應該拿科技加給。院裏的很多一般業務單位人員不該拿科技加給的事，大概在許多軍事機關內久有傳聞，大家都認為這種情形很不合理。但一種行之有年的制度要想一夕改變，實在不是容易的事。郝柏村兼院長許多年，他也沒有辦法把許多人不做科技工作而拿科技加給的事實糾正過來。這說明一種制度的建立，必須慎之於始，事後更改常常會遇到阻力。

　　到1993年底，我還看見一篇從部裏下來的檢討文件，題為"中科院如何強化管理之研究及具體改進的做法"。這份文件是由計劃次長室所屬各單位分別就不同的子題提出的。我讀了一遍之後，深感這是一篇很主觀的批評和構想，說的都是一些傳聞中的缺失，沒有可行性。實際上要改進中科院，必須先把院裡當時的狀況弄清楚，而文件內容顯示計劃次長室屬下的各單位並不很了解當時的中科院。要想了解一個單位，大概必須有人在這個單位裡長駐一段時間。

艱苦的時段

　　在1984年前後，全院人數達到最高峰，其中博士二百多人，碩士一千多人，學士約三千人，技術員七、八千人，行政支援人員也有二千多人。郝柏村批評中科院用人太浮濫，行政人員階級太高。郝的話未必沒有道理，但想立即改變也不是那麼容易。從此以後，因為院裡拿到的新計畫不足，預算不夠，便開始以淘汰1%殿後人員、遇缺不補等消極方式縮減員額。又過了幾年，發現以此方式減人的速率太慢，"飯票數"差太多，院裡又訂出每年減人5%甚至於9%的辦法。這時有一位新上任的政戰部主任林中將，籍貫台中市，他說：中科院的飯票不足，他有辦法去找。他的人脈很廣，可以去民間為中科院拉訂單。為此，他編了兩句口號：科技救中國，訂單救中科。後來好像也沒有發生多少作用。

　　在此後的幾年裡，中科院一直都處在人員多而經費不足的狀態。到1994年國防部一位趙姓副部長更大聲批評中科院，說該院浪費公帑、管理不善，做的東西性能差、價格貴、交貨慢、沒有ILS（這三個字母意為整體後勤支援）。趙氏的批評不能說全無道理。因為自從中科院成立後，其間除了黃孝宗先生代理院長的一段時間，其餘的領導人都比較少有創新措施。這大概是當年許多研究人員聚在一起閒聊時，常常會談到的話題。

由於裁員以及上級長官指責性的批評等負面消息不斷，員工的士氣當然會受到影響，因此離開的人不少。此期間，應該是中科院有史以來最艱苦的時段。

記汪昌瑤博士

汪昌瑤在海軍機校校友中，是一位頂尖的才子。論學問，大概校友中很少人能出其右。他恃才傲物，常常不把別人放在眼裏。他是湖南人，有很倔強的騾子脾氣，非常容易跟別人起衝突。早年他在交大唸電子研究所。有一回，教授測驗學生，在黑板上把考題寫下，接著宣布他在二小時後來收考卷，便自行離開。因為教授沒有說不許看書，大家便認為是可以看書的（open book）測驗。老汪自己不需要看書，便從座位上站起來干涉看書的同學，全班同學都被他得罪光了。他就是這麼一個人。這個故事是他同班同學對我說的。

老汪從交大畢業後，回到海軍，就自己申請去美國留學，唸的是達特茅斯（Dartmouth）學院。這是一家規模不大，但很有名的學校。他自該校獲得博士學位。我們從美國回到台灣的時間差不多，都在1972年前後。他知道我是不屬於海軍的"外人"，但我們第一次見面就談得很投機。他講他在美國讀書時為腸胃病所苦，截去一段小腸，受盡折磨。我也對他述說我所遇到的困境。

老汪在電子所做水下兵器組的組長，該組設在南台灣的海邊。在最初的一段時間，他負責建立實驗設施，工作進行得很順利，數年之內，便頗有成就。接下來是向顧客（海軍）拉生意（成立研究計畫）。對外打交道，老汪就遇到了罩門。他的脾氣使他常和顧客的負責人起衝突，顧客就向中科院告狀，要求撤換老汪。到了1980年之後不久，老汪就被調回龍潭。當時我們的辦公室在同一棟樓，他在一樓，我在二樓，我們常常有機會互訪聊天。他臧否所裏的領導人，口不擇言，我的個性比較溫和，很少說什麼。他有兩個女兒，由太太照顧，一家人住在台北民生社區，生活很快樂。他知道我在學校兼課，教微波學，力勸我去找黃代院長給我指派微波方面的工作，他說雷達組、天線組裏只會做些技工的工作，沒有幾人懂得電磁波。我說我不認識黃代院長，貿然去請他指派工作，所裏一定會把我視為越級報告，不會有好下場。他就不再說什麼。

後來我去做圖書館長，他每次來圖書館看書或開會，都會到三樓館長室來找我。如果我沒事，就會和他天南地北聊上一陣。

我最後一次和老汪見面，是在石園醫院門口。這時我在品保單位工作，我們同時看完醫生在醫院門口等車回辦公室。他繞著我轉了一圈，發現我的頭髮全白了，就對我說：孫又予，不要再幹了！頭髮已經全白，找個閒差事等退休算了！我笑而不言。

老汪比我大幾歲，他在1993年退休。次年初回大陸探親，途經上海，聽說他在那裡罹患感冒引發肺炎，不幸病逝。多年來，每當想起斯人，我就很懷念這位性情剛烈但誠心對待朋友的海軍才子。

聽蔣緯國演講

在早年，大家都以為蔣緯國是蔣介石的兒子。他就頂著這光環，瀟灑自在地過了一輩子。他早年曾到德國學戰車，回國後就在那時的戰車部隊司令官徐庭瑤將軍麾下發展。裝甲部隊的人傳說他央求徐將軍為他升官，呈報到蔣介石那裏，蔣不准，并在公文上批下“×恥”二字。不知確否。

他很喜歡演講，中科院的政戰部請他來講過好幾次。他說話語帶俏皮，很愛搞笑。他升了上將，有人恭喜他。他說這有什麼好恭喜，你不知道，現在連老百姓都當上將啦！他指的當然是蔣經國。有一次在中科院聚會，他看見張經國胸前掛的識別證，便在張的肩膀上拍了一下，口中說道：今天總算有機會叫一聲“經國老弟”。

他演講時，內容普通，話題大多夾雜葷素不忌的笑話，逗得聽眾笑口常開。有一回他帶了一位上校軍官來，在講台上替他擦黑板、掛大字報。他拍著上校的肩膀在台上對台下的聽眾說：這位是我“幫兄”。演講進行了好一會之後，他接著講一個笑話。說有一個菜販，用一頭驢子馱了兩籮筐青菜到市集上去賣，賣完之後，牽著驢子馱空筐回家。因為天熱，走到中途，驢子停下腳步，不願再往前走，菜販用韁繩拉牠，牠拼死站著不動，弄得菜販滿頭大汗。這時，菜販瞥見一個筐子的邊緣上，還有一隻被卡住的紅辣椒，菜販笑了。於是他把辣椒折斷，往驢子的肛門一塞，哈！不得了，驢子狂奔向前，菜販拉都拉不住，一直跑到家門口還停不下來。他說到這裡，台下響起如雷的掌聲。

這時蔣在台上也輕鬆起來，開始唱劉家昌編寫的歌曲。先唱“青海的草原，一眼看不完，喜馬拉雅山，…”。唱完一首，意猶未盡，又唱“梅花梅花滿天下，越冷越開花，…”。唱完歌已近中午十二點半了，演講也告一段落。這時演講的主辦單位主管已準備好酒菜，站在門口，恭迎演講人去午餐。演講人的幫兄把演講用的“道具”從講台上搬下來，裝進一輛休旅車裏，然後他們一同上車，揚長而去，並不接受午餐招待。

　　徐庭瑤是我太太娘家的親戚，他年老多病，住在早年成功新村低
矮潮濕的簡陋平房裏。好像只有蔣緯國常去看他，送點錢。他身後的
葬禮也是蔣出面為他張羅。從這些地方看，蔣不失為一個有情有義
的人。

砲兵陣地爆炸案

　　在1987年四月間，我已在品保上班，不過還不是全部時間都在
航發中心。有一天，院裏派我去參加屏東春日山砲兵陣地爆炸案的調
查，同去的還有聯勤的好幾位專家。我們一同乘空軍的一架C-47型老
舊的破飛機前往，我說破飛機是因為機身旁側有個大洞，那天剛好下
雨，雨水不斷地從破洞中漏進機艙來。

　　我們飛到屏東，再乘汽車往春日山陣地現場。到達之後天氣陰
沉，台電的人員和砲兵的官員，都已在現場等候。我們先聽報告，砲
兵的人說：他們當值的士兵看見從高壓電線上，飛出一個火球，飛入
砲位，引起爆炸，不知原因為何。接著再去現場觀看。砲位原本是一
個碉堡式的建築，頂部和四周都是厚度超過一公尺的鋼筋水泥厚壁
（附近還有完好的砲位供我們參觀），爆炸後全部夷為平地，下方變
成一個深坑，原來的砲身已飛出百米以外。附近人煙稀少，但一、二
公里之內少數的幾戶民宅，玻璃全被震碎，有幾條高壓電纜也被炸成
數截。爆炸的威力之強，可以想見。

　　我問台電人員電壓、電流的數值，又估測了電纜到砲位的距離，
然後就去軍團部向當時的司令蔣仲苓報告。他把我和聯勤的火炸藥專
家一個一個單獨請到他辦公室裏，問我們各人的意見。我說：高壓電

線飛出火球之說不合電磁學理，沒有根據。依照台電的數據，高壓電在砲位附近感應的電磁場十分微弱，不足以引起爆炸。結論是這次爆炸應和高壓電線無關。蔣聽了我的話搖頭，表示不同意，不過並沒有駁斥我。他顯然還是比較相信他自己部屬的說法。

一同看守砲位的有兩個士兵，一個都沒死。政戰人員根據這一點，認為有人蓄意破壞。蔣司令當天中午招待我們午餐。餐後，我們回到屏東，再乘那架來時乘坐的飛機飛返台北。

次日一早，我在家中接到院裏的通知，說參謀總長郝柏村要去現場了解，昨天去的人，今天都要陪同前往。郝乘總統專機到高雄，再換二架直升機去春日山區，先看爆炸現場，然後在一佈滿卵石的乾涸河床上由當地軍團做簡報，花了一上午時間。午餐後，再乘直升機到高雄，然後飛回台北。我本以為沒有事啦！結果還要到參謀本部由郝主持開會，輪到我發言時，我把昨天對蔣仲苓說的話重述了一遍，開完會我的工作才告一段落。以後還有事情，就由品保中心的工安組長接手了。

此案後來查出是兩個士兵煮狗肉吃闖的禍。他們一人去買醬油，一人去請隊上的朋友來吃狗肉，而爐火點燃堆積在旁邊的砲彈，引起爆炸。因為兩個士兵都離開了，所以沒被炸死。

老李並非不是人才

我在中科院籌備處成立不久即加入該院電子研究所，當時所裡共有十幾個人，其中之一是老李。他和韓光渭是同鄉，也是海軍機校的同學，他們都是山東人。韓是從美國海軍學校拿到學位回台灣的第一個軍人博士，時間約在1960年前後。他回來之後，常到各處講演，李就跟在他身邊幫忙。中科院成立了籌備處，韓調到電子所，老李也設法調進所裡來。我們當時都住在石園裡的平房中，我和老李的房間相鄰，時時見面，所以很快就變得熟識，相互以 "老鄉" 稱呼。

老李面孔黝黑，個頭不高。我不知道是什麼緣故，他的學長們好像有點對他另眼看待。由於當時所裡只有十幾個人，並沒有什麼特別的工作，所以大家常輪流作學術報告，各人自找題目，一次大約講兩小時。當第一輪快要結束時，主持人，也是他的學長，問還有誰沒講，老李舉手，主持人說那就不用講了。這輕描淡寫的一句話對老李的傷害太深了，他回到房間，氣得咬牙切齒，破口大罵。年少氣盛，他甚至連要和不讓他演講的人同歸於盡的話都說出來了。我力勸他千萬使不得，請他息怒，他當下決定第二天還是要講演。我記得那天夜晚，他在我們居住的平房客廳中，把電燈都打開，在明亮的燈光下，用白報紙寫大字報，畫正弦曲線，為次日的演講作準備。第二天上午，只有韓光渭和我兩個人到場聽講。對於其他人不出席聽他講演，老李心裡當然會覺得不是滋味。

其實老李很有一套。某一天他悄悄地對我說：他和蔣經國很熟。蔣要他研究空投傳單（到大陸）方面的問題，很受蔣的賞識。

當時在電子所的人，都可以出國進修，老李自然也不例外。他曾向我展示他已拿到美國好幾個學校的入學許可。去美國讀書，要先考過托福測驗，在這方面老李遇到一點困難。他曾多次參加考試，都沒有過關，所以天天用功念英文。有時已近夜晚十二點了，他還來敲我房間的門，要我考考他，看看進步了沒有（當時我們都睡得很晚）。

在1968年秋天，我去美國進修，從此便沒再和老李見過面。其時他的托福還是沒考過。因為那時中科院和以色列有往來，以色列的學者專家便介紹中科院的人到他們國家去讀書。以國並不要求考托福。

這是一條路徑，老李就循這條路徑去了以色列。

我從美國回台灣之後，多年來，常常聽到有人談起老李，因為院裡還有他的同鄉、同學和他有連絡。總結起來，大概是這樣：老李去以色列念的是以色列理工學院，拿到和電子技術相關的博士學位。不知是否由於在中科院電子所時受到冷落，他在拿到學位之後，便不再回台灣，自行設法取得簽證，去了美國。這個選擇當然使他沒有可能再回台灣來。

到美國後，他和兩位猶太朋友合開中醫針灸診所，雖然遇到不少挫折，他們都設法克服了，診所開得很成功。由於生意興隆，他們賺到很多錢。因為多金，老李曾和約翰霍普金斯大學醫學院的一位女教授結過婚，還在華盛頓和佛羅里達州各買下一家汽車旅館，過的是很富裕的美式生活。他還把和台灣元配生的兩個女兒都接到美國去，供她們上最好的大學。

這樣看來，誰能說老李不是人才？只是要先有伯樂，而後才會有千里馬。

補稅的風波

中科院員工被國稅局要求補稅，這個案子好像發生在1993年前後。聽說此案是因院裏被迫離職的員工向國稅局檢舉所引起。在郝柏村兼任院長時，訂了一個每年淘汰百分之一績效殿後員工的辦法。但這個辦法執行很困難，誰的績效殿後，實在難以判定。有的人也許因人緣不佳，有的也許因木訥寡言，表達能力欠缺。這些人常有可能被列為百分之一淘汰的對象。但這些人覺得委屈，他們離院之後，有的會到處告狀，補稅的問題很有可能就是這麼被挑起來的。

　　另外一個關鍵因素是早年中科院成立時，因為還在威權時期，很多不合理不合法的措施，只要上面一句話就照辦了。像中科院科技人員不扣所得稅，上面一定對有關機關口頭交代過才這樣辦的。當時的業務承辦單位（不知是主計處還是行政處），也許是認為此事和自己無關（中科院的主計和行政人員，也都有加給，但沒有科技人員的多），也許是承辦人顢頇無能，沒有把這個重大的問題做成一份有根有據的文件，存檔供他日查核。好啦！當有人在差不多二十年後向國稅局告狀時，國稅局一下子就抓住中科院的小辮子，非補稅不可。

　　這個案子鬧得很大。當時中科院有許多員工跑去包圍立法院，一連多日，要求免於補稅，媒體天天報導。此事引起當時以治軍嚴厲聞名的參謀總長羅本立上將的震怒，他認為"國民革命軍的光榮歷史全被中科院破壞殆盡"。於是把中科院一位剛上任不久、面對這次事件實在不知應該怎樣處理的院長叫過去，聲色俱厲，罵了一頓，要他立即下台。此一消息是計劃處裡一位馬姓副處長最先向大家透露的。這位院長沒幹幾天，只好捲鋪蓋走路。

　　最麻煩的是時任中科院主計處長的陳榮讚先生。中科院的主計處長（少將編階）不知換過多少人，他們都平安無事過去了。責任全由在任的陳榮讚處長一人承擔，他被國稅局追稅二十二億多元，報紙上曾大幅報導過。陳處長是冤枉的，人人都知道。天下之事，光怪陸離，什麼場景沒有？

　　為什麼當時的中科院負責人，不用負國稅局追稅的責任？這是有根據的。因為我們的制度是"主計獨立"。公家機關有關錢財的出入事宜，責任全由主計負責人扛，機關的主管反而可以置身事外。

　　國稅局向陳榮讚等人追稅的案子大概發生在1996年以後。當初由公家的甲機關奉命決定的辦事方式，後來公家的乙機關發現有漏稅的問題，就向甲機關完全沒有責任的承辦人員追稅，實在太不合理。到了2002年底，才有媒體報導說：財政部終於同意撤銷向中科院主計人員追稅的案子。使不合理的事最後能夠變成合理，大概這也正可顯示出時代是在向前進步的。

我對過往的回憶，寫到這裡，將近尾聲了。在下面，還有些和個人有關的小事，值得記述一下。

快快樂樂二十五年

如果有人問我：你在中科院許多年，做的事都不是你所專長的，是否覺得有點遺憾？我的回答是：不把對的人用在對的地方，當然不是合理的事，但在那草創摸索時期，想每一方面都合情合理，那是談何容易。不過最使人感到遺憾的是在這樣一個研究機構裡，很少有機會看到使人產生國家民族優越感的人和事。

留學回國後，在中科院二十五年的時日，就個人的感受而言，可以說是溫馨美好。雖然從來沒有做過和計畫有關的任何研究工作，自己卻曾發表不少文章。在每一個工作環境裡，和同仁相處，我從不記得我有過一句怨言。不但沒有怨言，說得誇張一點，我還覺得和大家共事是一種難得的際遇，即使我負責的工作重要性都很低。但是我也不會因為自己曾有過愉快的工作環境，或者個人的權益受到照顧，而不講實話。所以我在本篇，以至於本書中說的每句話我自信都是真實的。

退休的前一年，我發現我的等級被核錯了。因為有一位同事，他所有的條件都和我一樣，每月薪水卻比我高出數千元。我去行政部門查詢，發現是在軍職改為文職時，等級核定錯誤。如果要求更正，我一個人就要獲得四十萬多元的補償。如果照行政部門說的，所有同案數百人都比照更正，會變成中科院一筆不小的負擔。這時中科院的經費已不像早年那麼充裕，而變得相當困窘，各單位都在設法減人。我雖握有明確的翻案證據，但想到從籌備處時期算起，自己作為院中的成員三十多年，實在不忍心堅持要求更正，結果也就算了。後來又因為國稅局向中科院全體非軍職研究人員追稅，我又補稅數十萬元。在中科院拿的是很高的待遇（和一般軍公教人員相比），至少拿了二十多年。換句話說，每人都過了二十多年的富裕生活，最後交回去一小部分，也算是"恰當"吧。

推薦我到品保的葉若春先生，從中科院退休後，去元智任教。1987年7月，他兩次要我去元智電機系申請教職，我因捨不得離開待了多年的中科院，都拒絕了他的好意。

一個願望沒有完成

最重要的人生樂事，好像有兩件：一是讀書，二是旅遊。喜歡旅遊，大概是人們的一種自然傾向。古代人因交通不便，旅遊是一件難事。即使困難，他們還是"五嶽尋仙不辭遠，一生好入名山遊"。例如明朝著名旅行家徐霞客，費盡畢生之力，也不過去看了中國東南和西南一小部分山川。相比之下，現代人太有福氣了，想去哪裡就可以去哪裡。

在退休之後，我太太和我去過很多地方。南半球的紐、澳，北美洲的美、加以及歐洲大陸上的許多國家，我們都去過。以前上班時，我有機會到國外出差，也順道遊覽過不少地方。中國大陸亦曾去過幾次。像張家界、九寨溝以及桂林、陽朔等地的天然風景，都給我留下深刻的印象。在安徽,我們和一位從加拿大來的任太太,三人一同登上黃山最高峰－蓮花峰,算是一項壯舉。

在國外旅遊,最好對於當地的文化背景能有點了解,至少也要有一些粗淺的認識。能懂當地的語言文字更好,否則也要有看得懂的文字說明,才有趣味。因為我認識一些德文,所以到德國時,看見各處的旅遊介紹文字,覺得很"親切"。在參觀法國羅浮宮時,因為我不識法文,而當天的英文說明小冊,又被索取一空。只聽導遊簡單的講解,覺得收穫很少。跟在人群中,看看熱鬧而已。

台灣各地我們都走遍了。較早做過環島之旅,也曾專程去過太平山林場、福山植物園、清境農場、奧萬大,天祥、太魯閣、日月潭等地都去過多次。中科院在台灣南端有飛彈試驗場,我去過無數次,那邊的山區透明度極高,滿山是相思樹林,也很有觀光價值。有一回我帶全家去南台灣旅遊,住在當時墾丁新建的教師會館裡,遍遊墾丁公園、鵝鑾鼻燈塔、貓鼻頭、佳樂水這些南部風景區。

我以為台灣最有觀光價值的一條路線是中橫公路,從台中經天祥到花蓮。過梨山後,車行於高山之上。頭頂的天湛藍,山下是白雲片片,空氣一塵不染,景觀很罕見。從日本東京去伊豆半島,也有一條路線是車行山脊上,但山不夠高,規模也太小,沒有辦法和中橫公路比較。

在古早時期,有所謂"父母在,不遠遊"的規矩。現代人恰好相反,家有小孩,很難出國去遊玩。因為要在家照顧小孩的生活和課業。我們出國那麼多次,同行的絕大多數都是退休夫妻。偶爾也有新婚旅遊的年輕伴侶。只有一回去加拿大,除了方成棟夫婦和我們兩對老人,其餘都是年輕人。問他們方知那是一家電子公司的老闆出資犒賞員工。

世界上還有幾個地區也曾計畫去遊覽，不幸我太太在二〇〇七年患了腰椎的毛病。手術後，不能遠行，旅遊的事只好作罷。這算是此生沒有能夠完成的一個小小願望。

友情難忘

我生性耿介，服務公職做小事謀生，從不依傍誰的門戶，甘於自食其力，喜歡過平凡清靜的生活。在院裏，我有一群好朋友，我們都住石園宿舍（星期三晚上和星期六下午才回台北）。從石園到新新埔院區約二公里路程，有交通車上、下班，但我們幾個人每天早上走路上班，晚上走路下班，當作運動，很多年如一日。我們一面走路，一面聊天，海闊天空，沒有什麼不能說的。那種美好的時光，何處再去追尋？

我的這班朋友，年紀比我大幾歲，如今都垂垂老矣！呂福釗先生患了老年失智之類的病症，已不能獨自出門，在家休養。回想退休後，我們兩人曾結伴登遍台北周遭的所有大山小山。方承棟先生的身體很好，他常在住家附近運動。前些年，我與我太太曾和他們夫妻倆，四個人多次一同往國內和世界各地旅遊，現在只能成為回憶了。王大庚先生因子女都在美國，他和太太常往返台、美兩地，老當益壯，非常難能可貴。何紹堯因患帕金森氏症，已過世多年。其他在世的朋友，也因年老常有健康方面的問題。撫今思昔，當然會有感慨，而自然界的規律就是這樣無情，誰能有什麼方法變更？

在本篇之末，還有兩件事我要記述一下：第一件是帶我和鄭遵仁去海南島的鄭允棠先生，於1985年秋天在台北英雄館結婚。我們流亡學校很多位同學去喝喜酒。那時鄭先生六十多歲，新娘也五十多。聽說他們婚後住在台北縣的迴龍附近，靠退休金生活，日子過得不錯。

第二件是我們當年從多義溝一同出來的另外九位同學的下落：和我在黃埔港一同去海南島的鄭遵仁同學，已在2009年病逝。他生前住在內壢鄉下的眷村裏。從1972年起，我和劉本棟每年春節都去他家拜年，總共去過二十多次。他有一兒一女，兒子念完碩士，兄、妹倆都在電子公司上班。劉本棟同學在2009年中風，變成植物人，目前住在台中市中國醫藥大學附近，由妻、女照顧。他的哥哥劉本材同學已在十多年前患癌症逝世。褚慶桀住在竹北，他從竹北國小教師退休，身體尚好，他的兩個兒子都在電子公司任職。謝秀文從陸軍官校教職退休後，去美國依親，目前住在休斯頓。高玉璿早年去美國留學，後來開農場養雞，現在應該也退休了。韓建樹從羅東高中教職退休後，住在宜蘭礁溪，也有不良於行的毛病。鄭濟英、鄭濟武兩兄弟沒有到台灣來。

以上是我幾位老同學的下落。逝者已矣，生者都還算有過得去的生活。人生一世，大抵不過如此，還有什麼能夠多求的？

≥ 獵海人

憶浮生往事

作　　　者	孫又予
圖文排版	莊皓云
封面設計	楊廣榕
出 版 者	孫又予
製作發行	獵海人
	114 台北市內湖區瑞光路76巷69號2樓
	電話：+886-2-2518-0207
	傳真：+886-2-2518-0778
	服務信箱：s.seahunter@gmail.com
展售門市	國家書店【松江門市】
	10485 台北市中山區松江路209號1樓
	電話：+886-2-2518-0207
	三民書局【復北門市】
	10476 台北市復興北路386號
	電話：+886-2-2500-6600
	三民書局【重南門市】
	10045 台北市重慶南路一段61號
	電話：+886-2-2361-7511
網路訂購	博客來網路書店：http://www.books.com.tw
	三民網路書店：http://www.m.sanmin.com.tw
	金石堂網路書店：http://www.kingstone.com.tw
	學思行網路書店：http://www.taaze.tw
法律顧問	毛國樑　律師

出版日期：2015年8月
定　　價：260元

國家圖書館出版品預行編目

憶浮生往事：一名中科院退休員工對過去的回顧 / 孫又予
著. -- 臺北市：孫又予出版：獵海人發行, 2015.08
　　面；　公分
　　ISBN 978-957-43-2725-6(平裝)

1. 孫又予　2. 回憶錄

783.3886　　　　　　　　　　104016323

圖片來源說明

1. 小毛驢推磨圖的來源網址為
   http://bbs.hsw.cn/224754/viewspace-519541.html
2. 以下圖片取自 "維基百科"
   中字號登陸艦
   美軍的P4Y飛機
   T-6型教練機
   聖路易市的大拱門
   華盛頓大學校園一角
3. 第六篇附圖的來源網址為
   http://blog.roodo.com/singti/archives/766637.html